HOTEL LAUTRÉAMONT

Hotel Lautréamont

Contemporary Poetry from Uruguay

Edited by

Kent Johnson and Roberto Echavarren

with an introduction by

Amir Hamed

Shearsman Books

First published in in the United Kingdom in 2011 by
Shearsman Books Ltd
50 Westons Hill Drive
Emersons Green
Bristol
BS16 7DF

www.shearsman.com

ISBN 978-1-84861-189-4
First Edition

Copyright in the translations printed in this volume rests
with their translators © 2011,
except where otherwise cited in the acknowledgements
on pages 214–218, which constitute an extension
of this copyright page.
All of the Spanish-language texts contained in this volume are
copyright © by their individual authors, or authors' estates, and the
original publishers, as specified in the acknowledgements and sources on
pages 214–218.

Preface © Kent Johnson, 2011.
Introduction © Amir Hamed, 2011.
All rights reserved.

Contents

Preface by Kent Johnson   9
Introduction by Amir Hamed   11

Roberto Appratto   16
Nancy Bacelo   34
Amanda Berenguer   46
Selva Casal   68
Marosa Di Giorgio   80
Roberto Echavarren   98
Eduardo Espina   120
Gustavo Espinosa   138
Silvia Guerra   154
Circe Maia   172
Eduardo Milán   186
Idea Vilariño   200

Authors and Selected Bibliographies   214
The Translators   219

Hotel Lautréamont
Contemporary Poetry from Uruguay

A Note of Preface

Hotel Lautréamont (a title we have brazenly stolen from John Ashbery, and with good reason) aims to give some first presentation of the impressive, uniquely inventive work produced by Uruguayan poets over the last four decades.

Obviously, like any anthology, our selection is far from exhaustive: Uruguay is a small country, but its contemporary poetic field is substantial and dynamic, and a fair number of important poets are not represented here (most notably, perhaps, those from the newest generation; a second anthology in translation awaits this vibrant milieu).

The twelve poets of this gathering are all widely recognized in their country and Latin America as key representatives of an ambitious, innovative, often sharply idiosyncratic poetic spirit. And Uruguay, it should be said, has plenty of pedigree in regards to singular, even transformational, expressions of lyric vision. Not widely known in the English-speaking world, for instance, is that Isidore Ducasse (the Comte de Lautréamont), Jules Laforgue, and Jules Supervielle were, though later dual French citizens, all originally from Uruguay. The last occupies a central position in 20th century French letters and beyond; the first two are centripetal precursors to early avant-garde modernism on a world scale. As well, it should be noted that Uruguay has a special place within the history of 20th century "concrete" and visual poetics; Clemente Padin is a monumental figure in this regard, though not conventionally translatable, for reasons of genre.

In diverse modes of connection, then—and the variety of modes in this book proves the diverse point—these poets extend a long national legacy of literary originality and change. The utterly strange work of Marosa Di Giorgio, for one example, though barely yet known by English-language readers, has an avid and growing following in Latin America and Europe (the great Spanish director Pedro Almodóvar is one of her keen fans and supposedly plans a film inspired by her poetry). She is well on her way to being regarded as one of the continent's most extraordinary writers of the 20th century. As is Amanda Berenguer, or Silvia Guerra, for other examples, by whom many first-time readers will, safe to say, be somewhat blown away.

To be sure, the preeminence of this or that woman poet in the Uruguayan canon is no exception whatsoever to the norm. The reader will see that most of the poets represented here are female. This is no

result of editorial effort on our part to strike a gender balance: In Uruguay, starting with the great and daring early-century work of Delmira Agustini, women poets have occupied a predominance and canonical centrality that is arguably unmatched in modern times anywhere in the world—a result, in part, no doubt, of the country's progressive social-democratic history (darkly interrupted from 1973 through 1985 by military dictatorship), where key women's rights were legally enshrined at the dawn of the last century, not least within the nation's advanced public education system. With the restoration, after heroic struggle, of Uruguay's venerable democratic traditions, civil liberties have been extended even further, progress which has included some of the most comprehensive gay rights protections in Latin America. Apposite, in this regard, that Roberto Echavarren, my co-editor, is himself one of the leading theorists of gay poetic literature in the Hispanic world.

It is a deep honor for me, as someone who had the immense fortune to grow up in Uruguay, to have a role in presenting this work. And both Roberto and I extend our warmest thanks to the fine poet-translators who have generously given their talents to this project. *Gracias, compañeras y compañeros, por las riquezas de sus regalos.*

May this book open further appreciation and study in the English speaking world of one of the great national poetic traditions of the Americas, *norte y sur.*

Kent Johnson

At Home in the Hotel

"Montevideo," Pablo Neruda once wrote, "welcomes the Atlantic alongside its immense sea walls with statues of its greatest poets, the gravest, darkest, and stormiest poets the world has ever known." In spite of Neruda's penchant for hyperbole, anyone who has read the work of Uruguayan poets such as Lautréamont, Jules Laforgue, Julio Herrera y Reissig, and Delmira Agustini would have to agree with Neruda that there has never been a modern poetic tradition quite as "stormy" as Uruguay's. In *Orientales: Uruguay a través de su poesía*, I argued that the work of the first of these "grave" and "dark" poets—Isidore Ducasse, the self-proclaimed Count of Lautréamont—was a Francophone extension of the first literary genre to originate in Spanish America: the *gauchesque*. That genre can trace its origins to popular songs, or *cielitos*, written in the early nineteenth century by Bartolomé Hidalgo, in the territory then known simply as the *Banda Oriental,* and also to works such as Hilario Ascasubi's 'La refalosa,' written in the same Montevideo where Ducasse would later be born.

To put this another way, Ducasse's *Les chants de Maldoror*, written in French, was a challenging, ironic, cross-dressing text, just as the uneducated voice of the gauchos—modulated by the learned meter of nationalism—had once been. Moreover, *Maldoror* is marked by the strange coexistence of homeland and homelessness that is at the heart of the lyric tradition in Uruguay. It is not so much physical homelessness (even though self-exile has been a constant among Uruguayan writers), but more precisely the homelessness of a language that reaches unusual temperatures and produces condensations that prove intolerable for writers (hence, perhaps, all the "storminess"). One need only think of Herrera writing lines such as "A hundred chimeras off the map" and poems such as 'Tertulia lunática' in a *milonga* rhythm, in order to get a sense of the difference between the outside temperature and the linguistic heat. Herrera was a prisoner of the same rhyme and meter of which he was the master, while rhyme and meter had already become more like a shell for Laforgue, who had abandoned them before everyone else, but at the same time as Arthur Rimbaud.

For all these reasons, the title of this selection is especially fitting: poets from Uruguay continue to be, like guests in a hotel, guests in their own language. Despite the stylistic and generational differences among the poets included here, their poems are all proof of what Proust once

said about beautiful books: they feel as if they were "written in a kind of foreign language." There is also something alienated in all of this, as in the alienation of those who live in a language different from the language of their audience. Thus, in spite of the hurricane-like virtuosity of Eduardo Espina and Gustavo Espinosa, each syllable and each letter in their poetry casts doubt on itself, on its apparent ease, and on the wonder of its musicality.

In Espina's poems we are assaulted by the relentless desire of each word to be voiced in lines that are bloated and overflowing, barely restricted by the presence of a meter that wants to cut them off—the way one cuts off a cigar—into peculiar groups of words: the essential nature of the lines is to break and mate with other lines, sending articles and adverbs in equal numbers to the slaughterhouse. In Espinosa, the lyric tradition is taken to its limits and exposed as an old warehouse of tropes, or clichés. It could be said that these poems reenact the communicative fiasco that closes 'Tertulia lunática,' or that appears in the work of Lautréamont and Laforgue—two poets who understood that they were incompatible with their own time and place and language.

Roberto Appratto is suspicious of lines and often unbreaks them into prose (as in his *Maldoror*-allusive 'Water'), and Silvia Guerra revisits Ducasse, the child who grew up in times of war surrounded by poems which, like the *gauchesque*, confuse the enemy with animals, and finally break free like something that is neither a pig, nor crazy, nor a toad. The work—or rather, the magic—of Marosa Di Giorgio is always on the brink of turning into either a beast or a vegetable; it moves in the direction of prose in order to return to the dinner table and fulfill that powerful need to be a part of the cycle of life—a need which is rarely satisfied by the human. And not even by the transhuman, as in Marosa, nor by oneself alone. This tendency, or yearning, characterizes an entire strain of Uruguayan poetry, and it can be seen in the conversation that Eduardo Milán's poems have with themselves, or in Circe Maia's precise, phenomenological, and even luxurious contemplation of an *entre-nous* topic. It can even be seen in the near-roar of Nancy Bacelo, the woman who "escapes from sounds," and in that other roaring—made louder by virtue of its nakedness—in Idea Vilariño, whether it's because love has come and put pressure on the poem or whether it's because love has gone and surrenders in the poem ("you will not escape from my iambs," wrote Catullus), which is to say, it is alchemized.

The feeling of homelessness, or displacement, is not exhausted in bestiaries, however, and instead results in what a Laforguian poet named Ezra Pound would call "logopoeia," or the "dance of the intellect among words," of which Amanda Berenguer's 'Magellanic Clouds' is a prime example. The poem is an interrogation of the night that reenacts not only Herrera and Laforgue's nocturnal thirst for knowledge but also that of Sor Juana's 'Primer Sueño.' Berenguer's poem (much like Herrera's 'Tertulia lunática,' which is one of the greatest poems in the Spanish language) warns us that if we feel homeless it is because the light is itself homeless—that light which has been there in the stars to guide us for hundreds of thousands of years, and which "futures itself hopes itself and constellates." But in Herrera, who called his 'Tertulia' a "Morbo-Pantheistic Psychologation," and also in Laforgue and Berenguer, the cosmos is a path that leads to introspection ("there are more neurons in my head than stars in the sky," declares Selva Casal). Perhaps this is all because the real desire of the light is to spread and refract, attacking and disrupting everything from the sidelines until it breaks free from genre to finally summon us in a language that is both familiar and fatally foreign. "I want the woman in you," says Echavarren's "goddess," which is her way of asking for an uninhibited body, revealed as foreign by its nearness, as sometimes happens with bodies that share the space of a hotel.

About bodies rabidly uninhibited, finally, and about organisms cruelly joyful, *Hotel Lautréamont* calls to us.

Amir Hamed

Translated by Charles Hatfield

A mis queridos padres, Dr. Prescott K. Johnson y Darolyn Mooers Johnson, quienes me llevaron, cuando pibe, a la gran patria de Uruguay.
    —Kent Johnson

A Julio Herrera y Reissig, in memoriam.
    —Roberto Echavarren

Roberto Appratto

A los uruguayos hay que agarrarlos de golpe
o en reposo, antes de alguna actividad febril
que los ocupa por completo,
o así parece; cuando lo que piensan se traduce
en cosas, gestos, con un brillo que ni ellos mismos
conocen. Ahí se ve lo que podrían hacer
si nadie los estuviera mirando. Ahí se ve qué son
cuando no están concentrados en cumplir con la
INSTITUCIÓN QUE LOS AMPARA.
Así hay que agarrarlos, distraídos de todo
salvo el tiempo libre, en un estado
próximo al repliegue en su destino. Ahí,
cuando saben, exactamente,
qué es lo que tienen cuando no tienen
absolutamente nada, a la intemperie
de la INSTITUCIÓN QUE LOS AMPARA
o apenas por encima. Así.

A velocidad, en un cruce entre eso y lo otro,
y en el medio una sonrisa, al menos mental,
como si cada cosa fuera la única, pero
a velocidad, como Flash Gordon, la proyección
del cuerpo en varios lugares, como si fuera pasando
de un estado al otro, cada uno difuminado en el siguiente,
líneas sutiles: ese Flash Gordon, que no se puede
fijar en cuadros sucesivos: nadie vio a Flash Gordon
detenido. Esa velocidad es la esencia: en mi cerebro
van pasando, a cierta altura, libros y películas
y circunstancias marcadas por movimientos de cabeza,
cuando no había nadie; cada movimiento es el fin

Roberto Appratto

[Untitled]

Uruguayans: you have to catch them suddenly
or on standby, before some feverish activity
occupies them wholly, or
so it seems; when what they're thinking translates
into objects, gestures, with a brightness of which they themselves
aren't aware. That's how you see what they could do
if no one were watching. That's how you see what they are
when they're not focused on complying with the
INSTITUTION THAT PROTECTS THEM.
That's how you have to catch Uruguayans, distracted
from everything but free time, in a state
bordering the wrinkle in their destiny. There,
when they learn precisely
what it is that they have when they have
absolutely nothing, when they're exposed to the elements
outside the INSTITUTION THAT PROTECTS THEM
or at least venture out on the roof. That's how.

[Untitled]

Speeding along, at a juncture between that and the other,
and midway a smile, at least in the mind,
as if each thing were the only one, but
speeding along, like Flash Gordon, the projection
of the body in multiple locations, as if you were flowing
from one state into another, each one shading into the next,
subtle traces: that Flash Gordon, who can't be
captured in consecutive frames: no one ever saw Flash Gordon
under arrest. The speed is the essence: flowing through
my cranium at a certain height are books and films
and happenings I registered with motions of my head,
when no one else was there; every motion is the end

de un tema, el paso de un verso al otro con el anterior
todavía humeando en la canana, la pasión en los ojos,
como de bestia ya pronta para el salto. Así
las películas y los libros, y dentro
de las películas y los libros
las imágenes y los puntos bajan a la noche donde se los
atiende, desde un lugar cómodo, rápidamente abandonado
porque no es preciso quedarse para saber; se piensa
a esa velocidad que condensa, resultado de un intenso
y largo batido, una crema compacta,
lo que ha sido y vuelve a la superficie, se abre
apenas se hunde la cuchara para que uno vea
y después baje a la noche, al final de una semana larga,
cuando el sudor acumulado pasa como las líneas
del cuerpo de Flash Gordon y queda en un solo espacio,
ése en que se mira para afuera y se ve
la realidad del espacio
preparado para ser la realidad, con un tinte especial
que no se disuelve sin dejar una sensación de haber visto,
de saber, y el corte instantáneo a otra escena es el inicio
de una novela mental donde aparece todo lo que ha sido,
y el todo es un núcleo luminoso que ordena las piezas
desde la nada, desde la noche: allí, uno se anima
a cualquier cosa, porque sabe quién es
y se queda callado: el cuerpo, a velocidad,
deja una estela, líneas sutiles, un diagrama
pronto para saltar

Eventual

contingente, problemático, incierto, imprevisible, sin garantías, abierto,
inmejorable: no hay méritos, no hay nada que hacer: no hay ningún
ajetreo, esfuerzo, gesto, alarde, brillo producido, historia ni tiempo
que asegure la permanencia: la maravilla del presente es lo único que
hay, ese espacio, denso, bien puntuado, exquisito, y lo que hay en él, el
cuerpo, que se desplaza, la voz, que suena, se desenreda en el aire, el
ritmo, un pasaje de un momento al otro, y en cada movimiento un

of a theme, the step from one line to another with the previous one
still smoking in the holster, ardor in the eyes,
like an animal tensed to spring. That's how they are,
the films and books, and inside
the films and books
the images and points touch down at night where you
deal with them, from a pleasant location, one rapidly abandoned
because you don't have to stick around in order to know; the
speed at which you think curdles a cream, a product of intense
and prolonged churning, containing
that which has existed and returns to the surface, which clarifies
just as you dip your spoon, so you can see
and touch down later at night, at the end of a lengthy week,
when the accumulated sweat flows like the lines
of Flash Gordon's body then holds in a solitary space,
that one, out of which you look to see
the reality of the space
prepared to become reality, with a particular dye
that dissolves yet leaves a sensation of having seen,
of knowing, and the instant cut to another scene marks the initiation
of a novel in the mind, where everything that has existed appears,
and the whole is a luminous nucleus ordering parts
out of nothingness, out of the night: there, you gather strength
to face up to anything, for you know who you are
and hold your silence: the body, speeding along,
leaves a trail, subtle traces, an outline
tensed to spring

Possible

contingent, problematic, uncertain, unpredictable, without guarantees,
open, no potential for improvement: there are no merits, there's
nothing to be done: no production of flurry, exertion, gesture, display,
radiance, no history or time ensuring permanence: the wonder of
the present is the only thing there is: the dense, well-punctuated,
incomparable space; and the thing there inside it, the body, with its
displacement, the voice, with its melody, unfurling in the air, the

perfume, vibrátil, que arrastra lo que se ha dicho: esa maravilla del
presente, la alegría de escribir sobre él, de pensar en él, de proyectarse,
durante, a un lugar que parece extraño y asombroso y en realidad es
lo más próximo, lo más íntimo, eso que hace sentir en casa, pero de
uno, dentro de uno y sin embargo es la salida hacia fuera, hacia las
palabras, el tono, la historia, lo que hay en juego en un ser que conduce
la maravilla de estar ahí, que confirma, apenas ha llegado, el carácter
único de su presencia: sin exagerar, sin convertir todo en poesía del
instante, sin volar con la imaginación para reducir a cero todos los
accidentes de la vida; no es necesario; alcanza con eso, el toque, ese
sí prolongado, goteante, luminoso, que demora en irse y acerca los
tiempos: discreto, hacia adentro, contemplando, actuando, lento,
dejando que los gerundios alimenten el goce, desde aquí en adelante,
en la pura, absoluta ignorancia de lo que vendrá, a lo sumo escribiendo,
como quien da fe de lo que pasa y respira mientras tanto el perfume de
la felicidad, increíble, y sin embargo

durante

durante las primeras horas del día
durante las segundas horas del día
durante las últimas horas del día

como un caballo en su propia duración
por encima de los hechos del campo
a velocidad constante en el pasaje de la luz
a la noche durante

así el sentido por el cuerpo
durante las cosas del día
brilla
y aparece el silencio de la acción

así toda la vida el corazón
pone sobre la mesa la palabra tiempo
en la corriente blanca de las letras
todas las historias durante

rhythm, a passage from one moment into another, and in each movement
a fragrance, vibratile, pulling that which has been said: the wonder of
the present, the joy of writing about the present, of thinking about it, of
casting yourself, in its duration, toward what appears to be a strange and
astonishing place, but actually is the most proximate, the most intimate,
what makes you feel at home, at what is yours, inside yours, yet is also
the exit to the outside, toward the words, the history, toward the wager
of an existence that conveys the wonder of being here, that confirms,
having only just arrived, the unique character of its presence: without
exaggerating, without transforming everything into the poetry now in
fashion, without whooshing off with the imagination to reduce life's sum
of accidents to zero; it isn't necessary; it's enough with that, the touch, the
elongated yes, luminous and trickling, which takes a long time to depart
and draws the ages toward each other: restrained, inwards, contemplating,
performing, lento, permitting gerunds to fuel the pleasure, from this point
forward, in the pure and absolute ignorance of what is to come, at most
writing as one who attests to what is happening and meanwhile inhales
the fragrance of happiness, incredible, and nonetheless

during

during day's first hours
during day's hidden hours
during day's final hours

so too a horse in its own duration
beyond all happenings in the countryside
at a constant pace through light's passage
in the night, during

so too, awareness: through the body
during the day's events
it glitters
and out of each action, a silence appears

so too the sum of life the heart
sets the word time onto the table
into the blank current of letters
sum of the histories during

Agua (*fragmentos*)

La sensación de estar solo en medio de algo más grande, inmenso; de entrar a una superficie calma, fácil, y sentir cómo llega, cómo toca el cuerpo hasta que uno se mete y mira alrededor por un segundo para después hundirse y perder la noción de lugar: la temperatura del cuerpo cambia de golpe: uno lo sabe y por eso demora en zambullirse, deja que el agua vaya cubriendo partes del cuerpo hasta llegar, tal vez, a la cintura, o a los genitales, para recién pensar que no tiene sentido esperar más, se incorpora, mira y ve algunas basuras flotando, diminutas, a veces pececitos que van rápidamente de un lado al otro; el sol cae sobre todo, cambia el color del agua hasta el horizonte, lejanísimo pero bien marcado. Alrededor, el silencio, intenso. El resto del cuerpo, sudado, caliente, vacila unos segundos más antes de tomar la decisión, seguramente brutal, de tirarse de cabeza. A veces uno espera una ola más, un poco más grande que la anterior, y se mete en el medio; llega hasta el fondo, que puede ver y tocar: piedras de distintos tamaños, ondulaciones en el suelo. El cuerpo se ha enfriado, pero ya no importa: el ruido de uno mismo entrando, salpicando, modificó la calma, sólo por un segundo. Abajo no se escucha nada, uno avanza un poco y sale, con un segundo ruido que se une al de la respiración agitada. Permanece flotando unos instantes para después volver a tirarse, como si no se pudiera resistir la tentación, pero ya no hasta el fondo sino casi horizontal, sólo para sentir el agua, las olas, interceptarlas en su movimiento: meterse. Desde esa posición de recién salido, se mantiene a flote: de alguna manera, que no puede ni pretende entender, se establece un sistema entre el color estable del cielo, la quietud o el movimiento apenas perceptible del agua y el silencio general del momento; uno está ahí como un espectador extrañado de lo que siente, aunque le haya pasado ya cientos de veces antes; sabe, cuando ve desde la arena el agua, serena o agitada, verde o azul o marrón, baja o profunda; cuando llega hasta la orilla a probar la temperatura mojándose los pies, camina un poco sobre la arena húmeda, sobre piedritas, sobre los caracoles que la marea llevó hasta allí, y deja que las olas lleguen y lo convenzan o lo disuadan de entrar, que la sensación de frescura y aislamiento será similar. Si hay muchas olas, a lo sumo, el placer tendrá otro ritmo, el de zambullirse e incorporarse entre una embestida y otra, pero llegará el momento, igual, en que se podrá pensar dónde se está, se sentirá cómo el cuerpo, a medias o del todo sumergido en el agua, tiene un peso y una flexibilidad diferentes. Cuando

Water (*excerpts*)

The sensation of being alone at the center of something larger, something immense; of going in through a calm, easy surface, and feeling how it arrives, how it touches your body until you get in and look around for a moment, so you can go under the surface next and lose your sense of place: the body's temperature changes abruptly: you know this and that's why you delay diving in, allow that water to go about covering parts of your body until, perhaps, it hits your waistline, or your genitals, then thinking that it doesn't make sense to wait any longer, you sit up, look around and see some bits of floating trash, tiny ones, sometimes little fish moving around rapidly; the sun falls over everything, changes the color of the water all the way to the horizon, extremely far away but well delineated. All around you, intense, the silence. The rest of your body, sweaty, hot, hesitates a few more seconds before making the decision, most likely a brutal one, of diving in headfirst. Sometimes you wait for one more wave, a little larger than the previous one, and dive into its center; you arrive at the bottom, which you can see and touch: stones of various sizes, undulations on the seafloor. Your body is cold now, but it doesn't matter: the noise you made during the entry, your splashing, altered the calm, just for a second. Underwater nothing is audible, you move forward a little and emerge, with a second noise, which melts into your agitated breathing. You keep floating a few seconds longer so you can dive in again later, as if you can't resist the temptation, but now you don't move down toward the bottom, you go almost horizontally instead, just to feel the water, the waves, to intercept them in their motion: to get inside them. From your position just after emerging, you lift yourself to a float: in some way, which you can't understand, or even try to understand, a system gets established relating the stable color of the sky to the calm or barely perceptible motion of the water, and to the general silence of the moment; you're present as a spectator estranged from what you sense, even though it has happened hundreds of times before; you know, when from the sand you see the water, serene or agitated, green or blue or purple, shallow or deep; when you get to the shoreline to test the temperature by dipping your feet, you walk a little on the moist sand, over pebbles, over the seashells that the tide carried so far in, and you let the waves arrive and convince you to enter, or to dissuade you from it; you know that the sensations of cool and isolation will be similar. If there are a lot of waves, the pleasure will have, at most, a different rhythm, one of diving in and straightening up between one rush and another, but the moment will

uno camina por la orilla, y de un lado está el agua, al otro la arena, y en la arena los grupos familiares y las figuras aisladas que se cruzan en sus movimientos y hablan: todo eso es un espectáculo a medias contemplado, que se desdibuja en relación con la frescura del agua en los pies, el impulso de llegada y retirada; uno mira para abajo, se mira los pies, mira las huellas que van dejando en la arena, los pozos súbitamente descubiertos, y ahí sí, oye el ruido del agua –tal vez más allá, al entrar un grupo de bañistas a la carrera– o más bien un susurro continuo, un sonido grave que se afina al llegar a la orilla y retirarse. Uno sabe, y por eso ignora el espectáculo humano a su costado, que ahí adentro, en esa inmensa extensión que se prolonga hasta el horizonte, esté como esté ese día, hay otra dimensión y otra posibilidad de sentir, aunque no entre. Se suspende la ejecución del placer porque se conoce, y se confirma cada vez que emprende la caminata hasta allá y, después del breve ritual de mojarse, se entra, desplazando agua a los costados, por delante, por detrás, y el agua actúa como una manta que envuelve; uno hace algo más que "bañarse", o algo diferente. Hay un aroma del agua que se descubre de golpe, algo así como un halo de salinidad que se desprende cuando uno ya se zambulló, y permanece en el lugar, "saltando". La entrada hacia el horizonte se pierde en una continuidad sólo interrumpida por alguna lancha que pasa, algún surfista, algún velero más lejos; eso sólo prueba que existe la continuidad, y uno, con la cabeza afuera, nublada la vista por la zambullida o por una ola que golpea, casi como una respiración espasmódica pero controlada por el mar, piensa. ¿Qué piensa? ¿Qué piensa cuando, desde las rocas que limitan la playa, después de pasar de una a otra y encontrar una que permite sentarse o acostarse a tomar sol, escucha el ruido o ve la espuma que se levanta por el choque contra las rocas más bajas? Para empezar, el tiempo se prolonga, o entra en una dimensión en la que no hay confrontación posible con su medida; es como si entrara en un túnel: del otro lado está la orilla, o la otra punta de la playa donde puede verse el movimiento "urbano" (sombrillas, pelotas, tablas de surf, baldes y palas, botes amarrados, gente que recién llega y va dejando la ropa en la arena): uno está de este lado, del agua, donde hay pequeñas piscinas formadas después de una creciente donde uno, con entusiasmo infantil, puede bañarse; de este lado, donde se piensa, mientras suena el canto de las chicharras, compasada, y uno, de niño, observa a los cangrejos que salen de una hendidura y las rocas cubiertas de mejillones. Cuando camina por la orilla, y ve que se forman pocitos con burbujas al lado de decenas de cáscaras de caraco-

arrive, regardless, when you'll be able to think about where you are, you'll feel how your body, submerged gradually or all at once in the water, has a different weight and flexibility. When you walk along the shoreline, and the water is on one side, the sand on the other, and on the sand the family groupings and isolated figures, which crisscross in their movements and speak: the entirety is a spectacle only halfway contemplated, which blurs in relation to the water's chill on your feet, the momentum of arrival and withdrawal; you look down, you look at your feet, at the tracks they're leaving on the sand, the wells suddenly discovered, and there, yes, you hear the noise of the water—perhaps farther along, from the entry of swimmers starting a race—or rather the noise is a continuous murmur, a solemn sound that sharpens as it arrives at the shoreline and withdraws. You know, which is why you're unaware of the human spectacle at your side, that here inside, within this immense expanse that stretches to the horizon, whatever that day may be like, are another dimension and another possibility of feeling, even if you don't go in. The performance of this pleasure remains suspended because you already have the knowledge, you confirm it every time you undertake the long walk out there and, after the brief ritual of getting wet, you go in, displacing water at your sides, ahead, behind, and the water acts as a blanket, wrapping around you; one does something more, or something different, than "bathing." You suddenly discover a scent of water, something rather like a halo of salinity that detaches when you've taken the dive, and it remains in place, "salting" in little spurts. The entrance to the horizon is lost within a continuity interrupted only by some passing launch, some surfer, some sailboat farther out; which only proves that the continuity exists, and you think—with your head out, your view clouded by your plunge or a striking wave, almost like respiration both spasmodic and controlled by the sea—you think. What do you think? What are you thinking when, from the rocks that border the beach, after moving from one to another and finding one that allows you to sit down or lie down to catch some sun, you hear the noise or see the foam rising from the collision against the lowest rocks? In the beginning time swells, or enters a dimension where no confrontation is possible with its measure; it's as though time were entering a tunnel: on the other side is the shore, or the other point of the beach where the "urban" motion can be seen (beach umbrellas, balls, surfboards, buckets and shovels, boats tied down, new arrivals dropping their clothes onto the sand): you're on this side, the water's side, where you can swim, with a child's enthusiasm, in little pools formed after high tide; on this side, where you think, as the chant of the cicadas rings out, measured, where

les y piedritas de formas y colores diferentes, ¿qué piensa? Del lado del agua, a lo lejos, llegan gritos, carcajadas, diálogos imprecisables; del otro, música o la voz de un locutor de radio; uno sigue caminando, imperturbable, concentrado en el cielo y en el agua, más la brisa que aparece, por ráfagas, sobre todo a la caída de la tarde, cuando queda poca gente en la playa. ¿Qué piensa? Piensa en lo mismo que ha pensado a lo largo del día, tal vez en los últimos días; diálogo consigo mismo, amparado por el silencio, al parecer impenetrable, del paisaje. La soledad de la playa actúa, aún en compañía, como el aislante por excelencia, tal vez porque todo se convierte en paisaje, y uno puede, sin entrar al agua, sentir que está en el agua, sumido en un escenario que lo ignora y lo deja pensar. Eso está fijo, inserto en uno desde la primera vez que va a la playa, cuando "baja" a la arena y es llevado de la mano por un adulto (en mi caso, mi abuelo) para que le pierda el miedo, primero, y después aprenda a flotar.

Desde entonces, la relación con el agua, con esa agua, no la de la piscina, que exhibe, más allá de su tamaño, su condición de domesticada- pasa por un aprendizaje de años, hasta que el tiempo, a su vez, hace lo que no puede hacer en la piscina, donde está sometido al reloj, a las actividades de niños y de adultos, a los pitidos del profesor, a los aplausos repetidos que marcan el ritmo que deben seguir las brazadas; o a las dimensiones de la piscina, demasiado evidentes para ignorarlas; líneas, límites, bordes, desniveles, dominan la percepción aún cuando uno cierre los ojos. El tiempo, digo, en contacto con el agua del mar, se instala en la continuidad del pensamiento; cuando uno está solo, en medio del agua, y piensa en lo que ha pensado a lo largo del día, tal vez en los últimos días, el pensamiento se desliza por la superficie, en todas direcciones, pasa por encima de los demás bañistas, de alguno que nada, como un profesional, metros y metros, paralelo al horizonte, de la idea de juego que llega de la orilla en forma de gritos infantiles, del salto de un pez a la distancia; no se interrumpe; las dudas y la sensación de tristeza general, abiertas a la plenitud, pierden las limitaciones físicas que tenían hasta un minuto antes, el roce contra los objetos, la presión de lo que termina: es tiempo en estado puro, cuando la vida se de-fragmenta, como si el agua entrara en uno y el reflejo del sol atrajera, partícula a partícula, el conjunto de lo que es uno en un momento dado y lo dejara en un solo plano, que desde ahí, en esa situación un tanto ridícula, de tipo que flota y patalea en el lugar, se puede contemplar. Desde ahí, cuando uno se pregunta por qué está solo, y evoca bellezas de tipo muy

like a child you observe crabs emerging from a fissure and rocks covered in mussels. When you walk down the shoreline, and see that little wells with bubbles are forming next to dozens of conch shells and pebbles of different shapes and colors, what are you thinking? From the water's side, in the distance, arrive shouts, bursts of laughter, indeterminate dialogues; from the other side comes music or the voice of a radio announcer; you continue to walk, imperturbable, concentrating on the sky and on the water, as well as the breeze that picks up in gusts, especially at sundown, when few people are left on the beach. What are you thinking? You're thinking about the same thing you've thought about all day, maybe for the past few days; dialogue with yourself, sheltered by the silence, the seemingly impenetrable silence in the landscape. The solitude of the beach acts, even when you're in someone else's company, as the insulator par excellence, perhaps because everything transforms into a landscape, and without entering the water, you can feel as though you're in the water, plunged into a scene that is unaware of you and allows you to think. That's permanent, introduced into you the very first time you go to the beach, when you "go down" to the sand and are taken by the hand by an adult (in my case, my grandfather) so you can lose the fear, first, and later you can learn how to float.

Following that moment, the relationship with the water, with that water—not water inside a swimming pool, which displays, more than just its size, its domesticated status—the relationship moves through an apprenticeship of many years, until time, for its part, does what it can't do in the pool, where it is subjected to the clock, to the activities of children and adults, to the whistle of the teacher, to repetitive clapping which marks the rhythm the strokes should follow; or it is subjected to the dimensions of the pool, far too obvious to be ignored; lines, limits, borders, slopes dominate perception even when you close your eyes. Time, I say, in contact with seawater, settles into the continuity of thought; when you're alone, in the middle of the water, and you think about what you've thought throughout the day, perhaps for the last few days, thought slips along the surface, in all directions, moves over the other swimmers, over some thing that swims one meter after another, like a professional, parallel to the horizon, over the idea of play arriving from the shore in the form of children's shouting, arriving from the leap of a distant fish; it goes uninterrupted; the doubts and the sensation of general sadness, open to fullness, lose the physical limitations they had until a minute earlier, lose the friction against objects, the pressure of that which ends: this is time in a pure state, when life defragments, as if the water were entering you

diferente: películas, canciones, poemas, mujeres, que parecen circular en ese plano único, de suspensión del mundo, en que las bellezas aparecen como salidas de no se sabe dónde, como para sostener lo que se piensa y se desea, afianzarlo mientras se tararea o se recuerda algo que ha pasado, y, en el pensamiento, todo se junta, el ruidito del agua es una respiración pautada en otra parte, que uno simplemente escucha; esas películas, esos fragmentos narrativos, esos versos, son el equivalente de un modo de ser que la inmensidad recuerda. Nada es la realidad; uno está solo, pero, además de estar solo, está solo, y esos matices de la redundancia sólo se ven ahí, en esa situación en la cual un almuerzo en casa de los suegros empalma con una escena de una película y uno dice notable!

[. . .]

En la cabeza estaban, estuvieron, escenas de películas marinas de todo tipo: de guerra, de submarinos, de surfistas, de nadadores, de tiburones, de Cousteau; de adaptaciones de Julio Verne, de piratas; el agua, salvaje, abarcaba todo el espacio, toda la acción, cuando entraba por las escotillas, golpeaba las velas, rompía los mástiles o transparentaba monstruos. Uno veía cómo lidiar con eso, que era, a pesar de la ficción exhibida, la misma agua de la playa o el balneario, y se daba cuenta de que ese paisaje inabarcable era, a su vez, una forma interior, un misterio que no permitía ser develado, sino, a lo sumo, contemplado. Reproducirlo = asumir la profundidad, la arbitrariedad de los movimientos como un dato, proveniente del más allá, que usó más de un director de películas de terror. Reproducirlo= darse cuenta de que el mismo más allá estaba en uno, y el mismo carácter de insondable, desconocido, abismal, del mar, podría alcanzarse en una fuga, un escurrimiento de ideas, sensaciones y recuerdos, por igual imprecisos y fragmentarios, pero que a partir de la reproducción de la autonomía del mar alcanzaran su lenguaje. Pensé, así como he aprendido a escribir por la práctica, día por día, el paso del agua por el cuerpo a través del tiempo enseña a pensar de una manera particular; enseña a ver los contenidos mentales desde el cuerpo.

[. . .]

El espectáculo del agua, la arena, las piedras, el sol, el cielo, el cuerpo, las gaviotas, los peces, deja en suspenso su significado: ¿qué significa, en efecto, todo eso que se obtiene de un golpe de vista, y después pasa a los otros sentidos? ¿Esa amplitud, esa variedad? No hay manera, ni

and the sun's reflection were attracting, particle by particle, the whole of your existence at a given moment and dropping it onto a single plane, which you can contemplate there, in that somewhat ridiculous situation: a guy floating around treading water. There, when you ask yourself why you're alone and evoke beautiful things of a very different kind: films, songs, poems, women, which seem to circulate on that unique plane, in suspension from the world, where the beautiful things appear as though projecting from who knows where, as though to sustain that which you are thinking and desiring, to reinforce it as you hum or recall something that has happened, and, inside the thought, everything mixes together, the whish of the water is a form of breathing patterned on another place, to which you simply listen; those films, those narrative fragments, those verses, are the equivalent of a form of existence that the immensity recalls. Nothing is reality; you're alone but, more than being alone, you exist alone, and the shades of redundancy can only be seen there, in that situation, where a lunch at your in-laws' house converges with a scene from a film and you say remarkable! [. . .]

In my head were, at one point were, scenes from ocean films of all kinds: films about war, about submarines, about surfers, about swimmers, about sharks, about Cousteau; about adaptations from Jules Verne, about pirates; the water, wild, would take in the entire space, all the action, when it got in through the hatches, beat at the sails, broke the masts, or revealed monsters. You would see how to do battle with that thing, see that it was, whatever the fiction on the screen, the same water from the beach or the resort, and you'd realize that the ungraspable landscape was, in its turn, an interior form, a mystery that didn't admit of disclosure, one that could be, at best, contemplated. Reproducing it = coming to terms with the profundity, the arbitrary nature of its movements as a piece of information, originating from the beyond, which more than one director of horror films has employed. Reproducing it = realizing that the same beyond is inside yourself, and the same quality of bottomlessness, the unknown, the enormity of the sea could be seen in a fugue, a runoff of ideas, sensations and memories, in imprecise and fragmentary ways, but realizing too that by reproducing the ocean's autonomy they might get at its language. I thought, whereas I've learned to write through practice, day after day, the water's passage through the body over the course of time teaches you thinking of a particular kind; teaches you to see mental subject matter from the perspective of the body. [. . .]

intención, de reducirlo: una película extraña como *Mar abierto*, de Chris Kentis, puede servir de ejemplo ilustrativo de la incapacidad de ilustrarlo. La pareja, joven, promisoria, bella, está abandonada a su suerte en alta mar. No es la playa Pocitos: es el Caribe, y a los efectos podría servir cualquier mar, cualquier océano. Están ahí, horas enteras, días enteros, flotando; hablando acerca de sus posibilidades de sobrevivir, de ser rescatados, de aguantar; después hablan de otras cosas, de por qué los olvidaron, por qué demoraron en salir del fondo; del tiempo que llevan juntos, de cómo son, de cómo ha sido la vida en común en los últimos tiempos. Mientras tanto, los tiburones acechan. No hay ninguna posibilidad de nadar, no se ve ninguna costa, el agua y el cielo son un continuo inabarcable en el medio del cual están ellos, diminutos, imperceptibles para las lanchas y los helicópteros que pasan. El tiempo va corriendo muy lentamente; llega el crepúsculo, llega la noche, siguen en el mismo lugar, cada vez más etéreos, más integrados al mar. Como un comentario, nacido de la misma abstracción, la cámara va por abajo del agua, sigue a unos peces, muestra unas plantas: la belleza, compacta, indudable, es pautada por una música, tal vez jamaiquina, un canto a lo que hay en el presente, simultáneo e indiferente a su drama; no es cinismo, es composición; no es estilo, es constatación. *Mar abierto*, tal vez sin pretenderlo, tal vez sin querer ir más allá de la documentación de una "historia real", se va convirtiendo en una película tan oscura como esa relación que se establece entre ser humano y agua cuando están librados a sí mismos. La idea de muerte, sometida a la duración y no al plazo, releva los accidentes, los episodios menores del relato: también hablan de *National Geographic* y de los hábitos de los tiburones, de las relaciones de ambos con la realidad "urbana", cada vez más alejada. Si el mérito de la película es el aguante sobre un tema único, es porque se elude la anécdota del drama: los tiburones se recolocan: en vez de ser agentes del mal como en *Tiburón*, son las excrecencias, las manifestaciones menores de la indiferencia del mar. Frente a esa indiferencia, la soledad de los dos remite a la soledad que siempre se siente, en un ámbito que puede ser menos ominoso pero es igualmente cuestionador.

[. . .]

A propósito de un plano secuencia de *A través de los olivos*, una película iraní, el argentino David Oubiña descubre que "hay una exterioridad más radical que el desconocimiento: cuando aquello que nos excluye se

The spectacle of the water, sand, stones, sun, sky, body, seagulls, fish, leaves its meaning in suspension: what does it mean, effectively, everything you obtain from a shock of vision and then pass along to the other senses? That range, that variety? There's no way, or intention, to reduce it: a strange film like *Open Water*, by Chris Kentis, can exemplify inability to illustrate that range. The couple—young, promising, attractive— are abandoned to their fate on the high seas. It's not Pocitos Beach: it's in the Caribbean, and any sea, any ocean, could offer the same effects. The couple is there for hours on end, days on end, floating; talking about their possibilities for survival, for being rescued, for holding out; later they talk about other things, about why the crew forgot them, why they took so long to come back to the surface; about how long they've been together, what they're like, what their shared life has been like recently. Meanwhile, the sharks lie in wait. There's no option to swim, no visible coast, the water and the sky are a never-ending continuum, they exist at the center, tiny, imperceptible to the motorboats and helicopters that pass by. Time moves past very slowly; the evening comes, the night comes, they're still in the same place, ever more ethereal, ever more integrated into the sea. As a commentary born out of the same abstraction, the camera moves slowly underneath the water; it follows some fish, reveals some plants: the beauty, compact and undeniable, is given a pattern by music, perhaps Jamaican, a song for what exists there in the present, simultaneous or indifferent to their drama; it's not cynicism, but composition; it's not style, but verification. *Open Water*, maybe without trying, maybe without intending to do more than document a "real story," becomes a film as obscure as the relation established between the human being and water when they're left alone. The idea of death, subject to duration and not a limited period, throws accidents, the minor episodes of the tale, into relief: they also talk about *National Geographic* and the habits of sharks, about each person's relationships with "urban" reality, ever farther away. If the merit of the film is its patience with a single theme, this is because it eludes the anecdotal aspect of the drama: the sharks shift places: instead of being agents of evil as in *Jaws*, they are the excrescences, the minor manifestations of the ocean's indifference. Faced with that indifference, the solitude of the two people refers to the solitude you always feel, in a domain that may be less ominous but equally provocative.   [. . .]

Regarding a sequence from *Through the Olive Trees*, an Iranian film, the Argentine David Oubiña finds, "there's a more radical exteriority than ignorance: when that which excludes us unfolds before our eyes." He's

despliega ante nuestros ojos". Se refiere al final de la película, cuando se muestra cómo un muchacho sigue a una muchacha a la cual le propone matrimonio a través de un campo: la cámara se sitúa en una altura y ve cómo bajan por el monte, la muchacha primero, detrás, a distancia, el muchacho: al principio se oye lo que dice, después ya no. Los sigue, los sigue, hasta que por allá lejos, bien abajo, se ve cómo la muchacha se da vuelta y lo encara. Se produce un diálogo, por supuesto inaudible, y muy breve; ella sigue caminando, él queda quieto en su lugar. Todo es observado por el supuesto director de la película. Eso es lo que se despliega ante nuestros ojos: ante una evidencia como la del mar, similar a la del monte, no se entiende: uno queda fuera aunque esté ahí. La soledad se manifiesta, como si ella, tal vez por no entender, fuera, ella misma, una película, un relato. Sin embargo, no hay nada de trágico en eso: no hay nada de trágico en que nos excluya, porque es justamente por esa razón que la soledad, desde afuera, puede verse en su plenitud.

[. . .]

Yo estaba de pie, a pocos metros del agua, y veía cómo ese punto, de actualidad particularísima, era lo suficientemente fuerte como para dejarme prescindir, por el momento, del deseo constante y tenaz de estar en otro lado, en otra cosa. Sin pensar, sentía cómo el agua me duraba en el cuerpo, ya pequeño en el plano general de la playa, una figura entre muchas, en silencio, recordando una situación cualquiera, ya casi invisible, contra el mar que seguía moviéndose a su ritmo, natural; el espacio, animado por la brisa, por los núcleos de atención que se desperdigaban de un punto al otro, por las miradas que de vez en cuando alguien dirigía al agua, tratando de comprobar si era cierto que allá a lo lejos venía una corriente más verde, se estiraba a mi alrededor, en los márgenes del cuadro; nada, pensé, no hay nada que entender, o por lo menos no desde un punto de vista racional; no hay nada, en todo esto, que ya conozco muy bien, que ya he vivido antes desde la misma sensación de soledad, que ahora tiene un signo diferente; se entiende, sí, pero es la grandeza de la situación, y lo singular de la situación, por más trivial que parezca, lo que se impone. El significado se mantiene oculto, se retrae al mismo tiempo que se ve, en toda su expansión, limpio como si el agua escribiera su propia historia con cada uno, cada vez que uno se mete en ella o piensa en ella, con tiempo, y vuelve a entrar.

referring to the end of the film, which depicts a boy following a girl to whom he proposes marriage, moving through the countryside: the camera is placed high on the mountain and watches them descend, first the girl, the boy behind her, at a distance: initially you hear what he says, and then you don't. It follows them, follows them, until far away, far down the mountain, you see how the girl turns to confront him. A dialogue results, inaudible of course, and very brief; she goes back to her walking, he remains still, in place. Everything is observed by the presumed director of the film. That's what unfolds before our eyes: you don't understand, facing evidence like that of the sea, resembling the evidence of the mountain: you remain on the outside even if you're there. The solitude manifests, as if it, perhaps through non-understanding, were itself a film, a story. Yet none of this is tragic: there's nothing tragic about it excluding us; for exactly that reason, the solitude, seen from the outside, is visible in all its fullness.   [. . .]

I was standing a few meters from the water, and I saw how that point, in an absolute present, was strong enough to allow me, for a moment, to do away with the constant and tenacious desire to be on the other side, in some other thing. Without thinking I sensed how the water remained on my body, which was already small on the overall plain of the beach, one figure among many, in silence, remembering whatever situation, a figure almost invisible now against the water that continued to move at its own rhythm, natural; the space, animated by the breeze, by centers of attention scattering from one point to another, through gazes that someone directed now and then toward the water, trying to confirm whether or not there, in the distance, a current of deeper green might be arriving, it stretched around me, around the margins of the painting; nothing, I thought, there's nothing to understand, or at least not from a rational point of view; there's nothing here that I know very well, nothing I've lived before with the same sensation of solitude, nothing that has a different sign now; you understand, yes, but it's the magnitude of the situation, the singularity of the situation, trivial though it may seem, which prevails. The meaning remains hidden, withdraws even as it appears, across its entire expanse; is clean as if the water were writing its own story with every one of us, every time you get into the water or think about it, over the course of time, every time you go into the water again.

—Translated by Kristin Dykstra

Nancy Bacelo

Ora pro nobis

Señor me faltan algunos elementos para armar el rompecabezas.
Se han caído las piezas superiores y está rota la punta del espejo.
No sé cómo componer la cabeza de esa estatua justo la cabeza que es
lo que más quiero. El cuerpo me atormenta porque no alcanzo a dominarlo.
Las piernas son volúmenes aparte. El tronco se arma sólo. Lo dejo así para
el final. La enrulada cabeza me preocupa porque de ese modelo hay muy
        escasas
copias. Señor la noche está cayendo y debo terminar el armado antes de
quedarme a oscuras. Te pido un poco de luz sobre el recinto. Un poco
        de piedad
para la búsqueda frecuente y para el HALLAZGO DE LO NO
        FRECUENTE. No me dejes
caer en la tentación de abandonar la lucha y la pelea. Si el círculo se rompe
tendré que saber cómo arreglar tremenda arquitectura. Pero sólo si está
        tu luz
afuera y aquí tu luz adentro. Me duelen las rodillas de estar contra este
piso rozando siempre la estatura. No voy a abandonarte si tú no me
        abandonas.
Pero haz que me ajuste a los principios de la búsqueda. No a la
        búsqueda de
los principios que han sido mi sostén.

La valentía que da admitir la debilidad del corazón

Trago saliva que se llama pena
por no decir de pena que me inclino
ante una noche ciega.
No se ajusta al dolor tanto sosiego
ni tanto desencanto corre el riesgo
de ser pena nomás y más que pena.
En la nube que teje y más desteje
el consecuente olvido alguien se asoma

Nancy Bacelo

Ora pro nobis

Lord, I'm a few parts shy of completing the puzzle
The upper pieces have fallen out and the mirror's tip is shattered.
I've no idea how to put this statue's head together just the head that's
what I want most. My body plagues me but it's out of my control.
Legs are another story altogether. The torso looks after itself. I'm saving it
for last. Curly hair worries me because this is a recessive trait.
Lord, it's nightfall and I should really get this puzzle put together before
I'm left in the dark. I beg you, let a little light into this enclosure. A little pity
for the frequent search and for the NOT SO FREQUENT DISCOVERY.
      Don't leave me
To fall prey to the temptation of giving up the fight and struggle. If the
      cycle breaks
I must come to know fixes for such tremendous architecture. But only if
      your light is
outside and here inside. My knees hurt from being on the floor, always
drawn to scale. I won't forsake you if you don't forsake me.
But please familiarize me with the search basics. Not the *search* for basics
that have always been my support.

The Courage to Admit the Frailty in Our Hearts

The saliva I swallow called sorrow
to avoid saying sorrow bent me double
before a sightless night.
Such calm does not fit the pain
nor such disenchantment risk
being pain no more, nor more than pain.
In the cloud that weaves and unweaves
consequent oblivion someone whispers

y pide que al oído
alguien transmita música sin ruido.
Puede ser la ilusión o el estampido
que no deja escuchar lo que le pido.
Me inclino por pensar que es desatino.
Que se corrió la voz. Que es el destino.
Baratijas de amor. La noche vino.

Incógnita

Como del polvo como de un desierto
a impulsos no a ejercicios
la palabra salía de la boca y
estiraba el placer que da el sonido.

Si espacios si secuentes o consecuentes líneas
la esperan sin labios ¿qué dirían?
¿qué ronco amanecer suplantaría la fruición
el roce pálido que estremece el temblor
que da paso a la sílaba?

    Borra esa marca, bórrala,
     es de noche y aunque no se ve
      se verá igual cuando enseguida aclare.
Tanta raya en las manos tanta búsqueda
tanto camino incierto y más que cierto.
Porque en el mundo se abren tantos ojos
   así como se cierran otro tantos
      la multiplicidad de la mirada vuelve
         al abrir y al cerrar y eso es lo cierto.

in the ear and pleads the
broadcast of mute music.
It may be a false illusion or a blast
that muffles what I ask.
I am inclined to think what nonsense.
That the voice has fled. That it is fate.
Trinkets of love. The night came.

Unknown

Like from dust like from a desert
by impulses not by exercise
the word left the mouth and
stretched the pleasure opening to sound.

If spaces, if sequential or consequential lines
awaited it, bereft of lips, what would they say?
What hoarse sunrise could supplant fruition,
the pale rub that shocks the tremor
giving way to the syllable?

[Untitled]

    Delete the mark, erase it.
   It's night and though it won't be seen
  it will be transfigured when it soon gets light.
So many lifelines on these hands such frequent searches
so much uncertain road and more than certain.
Because in the world many eyes are opened
   and many closed
     the multiplicity of the gaze returns
        in the opening and the closing and that much is true.

—Translated by Ryan Daley

Polvo polvo de oro
cuchillo de oro
mano mano de oro
puñal puñal de oro
fuego fuego
viento rayo que se vino
palabra en boca
látigo secreto
razones de otros mundos
que no importan
seguros golpes
para probar los huesos

Barajando este mazo
este montón de cartas
con símbolos precisos
la carita del ángel y el filo del demonio
el perfil de los rostros marcados por la infamia
la ultraterrena historia contada tan de cerca
los vuelos los sagrados estertores del alma
la confesión secreta de que somos tan poco
y sin embargo hallamos la medida del alma
y con ardor terrible nos secamos el cuerpo
y deshojamos siempre la misma flor que nace
y somos solamente las rayas de un destino.

[Untitled]

Dust dust of gold
blade of gold
hand hand of gold
dagger dagger of gold
fire fire
wind lightning that came
word in the mouth
secret whip
reasons from other worlds
that don't matter
sure hits
test bones

[Untitled]

Shuffling this stack
of hoarded cards
their precise symbols
that little angel face and the devil's blade
profiles of faces etched by infamy
the supra-map of history told close-up
the flights the soul's sacred raspings
the secret confession we amount to so little
and yet in that take soul's measure
and dry, with terrible ardor, the body
and strip down always the same flower blooming
and are the creases of some larger fate.

—*Translated by Farid Matuk*

Las pruebas de la suerte
el viento el viento el viento
de salitre y de fuego
desde que abrí los ojos
el corazón la guerra
la pared de la casa
la calle
aquellos ojos
que mis ojos no vieron
los fantasmas los miedos
la población secreta
que nos mueve de adentro
los caballos sin freno
por la sangre corriendo
la barajita de oro
que de noche cambiábamos
la colcha con los cuadros
las fotos en la sala
las flechas los motivos
de la flor que quemaban
la noche aquel camino
los montones de blanco
la tela que movían las manos acabadas
qué pruebas
qué feroces maniobras
de la suerte.

Sabes qué miedo
cuando cae la sombra
sobre la casa
(entendé, sobre el lecho,)
y empiezo a dibujar
—dolor en mano—

[Untitled]

Signs of fortune
wind stirring wind stirring wind stirring
saltpeter and fire
after I opened my eyes
my heart the war
wall of the house
street
those eyes
which my eyes didn't see
ghosts the terrors
the concealed population
that moves us from the inside
unchecked horses
cantering through the blood
golden deck
cards we used to swap at night
afghan with squares
photos in livingroom
arrows the reasons
for the flower they burned
night distant road
mountains of white
the fabric moving in wasted hands
what signs?
what fierce maneuvers
of fortune?

[Untitled]

You know the fear: it
comes when shadow descends
on the home
(specifically, on the bed)
I begin to sketch
—anguish in hand—

todas las formas
que el amor tenía
entendeme y pensá
cuántas secretas
impensadas maneras
costumbres de asesino
tiene la pena ésta.

No sé si fueron ruinas
montones de reservas ocultas en rincones
claras heridas claras
secuencias de secretas
inventadas maneras de los huesos
lo que sé que importó
lo que ha valido
valido como cosa valedera
es este corazón hecho avisado
a los filos tan crueles de la suerte.

Ahora con tanto desaliño en la memoria
ahora con este ardid del tiempo
manejado hecho vivo al instante
creado inventado entre la piel y el hueso
ahora que el techo nos refleja
que es decir podemos como muchos descifran
su conciencia
tú y yo desciframos lentamente
decime si ha llegado ese tiempo predicho
por los sabios que entienden de la vida
explicame me caigo y es de noche y perdida
quise siempre no equivocar de paso

all the forms
love took;
think about it, understand
how many veiled
unforeseen tactics,
murderer's habits,
this sadness holds.

[Untitled]

I'm not sure whether they were ruins
mountains of supplies concealed in corners
visible wounds visible
sequences of secrets
invented doings of the bones
what I do know what did matter
what has been valued
valued, as a thing validated
is this heart made wise
by fate, its severe barbs.

[Untitled]

Now with memory so disarranged
now with this ruse of time
manipulated made living instantly
created invented between skin and bone
now that the ceiling reflects us
which is to say that like many we can decipher
its consciousness
you and I decipher in a gradual way
tell me whether the time has come, the one
foretold by sages, who understand life,
explain it to me I fall it's night and lost
I never wanted to take the wrong step

pero las cosas pueden darse vuelta
cuando menos se espera
pensá sinó en la vida
y en la muerte
y si hay derecho siquiera
a nombrar hambre como si fuera sólo
carencia de alimento
decir revolución y querer imponerla con retratos
jurarse amor y no jugarse el alma
escribir piel
y no saber que de la carne
se desprende doliendo.

but things can turn all around
when you least expect it
think otherwise about life
and death
and whether the right can even exist to
name hunger as if it were only
a lack of food
to say revolution and try to impose it with portraiture
to pledge love and not put the soul into play
to write skin
without the knowledge that you must depart
the flesh in suffering.

—Translated by Kristin Dykstra

Amanda Berenguer

La cinta de Moebius

Palpo lentamente
una cinta de Moebius siento
ese breve vértigo de entrecasa
o escalofrío en su jaula toco
ese pájaro por fuera y esa ostra por dentro
sucesivos palpitantes
sigo su unilátera hoja ambigua
hermafrodita
exterior e interior a un mismo tiempo

pulso el insalubre vibrátil sedimento
de la pura verdad
los seudópodos hacia lo oscuro
las ideas de paso sonámbulo que andan
por los alrededores de las doce del día
la celda callada la pieza "se alquila"
en el patio de la ruidosa boca ciudadana

rozo marchitas flores de visión
recién polinizadas
sus hojas de foca brillante a cuenta
de negra primavera los cuerpos de pelo lacio
de fibra córneo escamosa colgados
en los andenes ahumados o en los muelles
donde los changadores escupen tierra
o en los salones para pasajeros

así resortes trabados en cajas fuertes
recuerdos
así bengalas sin encender
recuerdos
así expresos estacionados vacíos
recuerdos acaricio
la memoria pronta a saltar elástica

Amanda Berenguer

Möbius Strip

I slowly sense
a Möbius strip and feel
that brief vertigo of casualness
or a quiver in its cage I touch
that bird on the outside and oyster on the inside
palpitating successive
I follow its unilateral, ambiguous leaf
hermaphrodite
simultaneously exterior and interior

I sense the noxious vibrating sediment
of pure truth
the pseudopods reaching toward darkness
the sleepwalking ideas that pace
about around noon
the quiet cell the room "for rent"
in the patio of the loud citizenship's mouth

I tap wilting flowers of vision
recently pollinated
their glimmering seal leaves on account
of a black spring the straight-haired bodies
of scaly cornea fiber hanging
on the smoky platforms or docks
where the busboys spit soil
or in the passenger lounges

hence springs jammed in a safe
memories
unused sparklers
memories
thereby express trains parked empty
memories I caress
my memory pliant ready to jump

una fotografía instantánea sobre el pretil
de la oficina de treinta pisos fábrica
en Tokio o Brasilia
hacia la posición natural de descanso

tanteo recorro camino la otra cara
la fabulosa cara la doble cara la misma
cara tu cara anacrónica
mi cara alquimia social
¿te asustas? ¿respiras? ¿comprendes?
te veo y nos ven sobremanera
el rostro semblante fachada
o superficie anterior no olvides
recuerda el anverso presencia
marchando a hasta para por
según sin sobre tras la cara de dos vueltas
interminables

apura cara de juez tu veredicto
escucha cara del montón escucha
cara de perro otra y otra más
cara de pocos amigos no mezcles
grasa aceite agua hirviendo
cara de vinagre
cara de risa la expresa
que viste y calza máscara para gases
cara y cruz abrazadas
gestando huevos de oro en la bodega
de la "Santa María" hollando el Aqueronte
dispara carabina ametralladora
hasta el caracú profundo caracú expuesto
¡caramba! carantamaula
resbalo entro cavo
esta cueva centrípeta refugio
atrayente mina carbonífera
(32 mil metros cúbicos de roca viva
para abrir el túnel del Simplón)
atestada de diamantes venenosos
canjeables por vida por menos

an instant photo on the parapet
of a thirty-story office building a factory
in Tokyo or Brasilia
toward the natural resting position

I sense pass through walk on the other face
the fabulous face the double face the same
face your anachronistic face
my social alchemy face
you're afraid? are you breathing? you understand?
I see you and they see us exceedingly
a face countenance façade
or anterior surface do not forget
remember the flipside presence
marching toward until to because of
as per without over behind the face of two interminable
turns

hurry judge-face your verdict
listen face-in-the-crowd listen
dog-face and even more still
long-face don't mix
grease oil boiling water
vinegar-face
funny-face the manifest
one clad and covered in a gas mask
heads and tails embracing
producing golden eggs in the cellar
of the "Santa María" crossing the Acheron
fire rifle sub-machine gun
reach the deep marrow the exposed marrow
¡holy smokes! hideous mask
I slide I enter I dig
this centripetal cave magnetic
shelter carboniferous mine
(32 thousand cubic meters of live rock
to build the Simplon Tunnel)
rife with poisonous diamonds
exchangeable for life for less

que vida por vida desvivida
este corredor sin salida corredor
en derredor ovillo alrededor del lazo enroscado
escalera rampa encaracolada
¿quién de nosotros quién
le encuentra el cabo a madeja?
vagabundos caminantes ahí
ahí en el hueco de tu mano

se ven ahí
las tres inciertas parcas mineras
investigadoras educando
conejos de India filamentos eléctricos
murciélagos de onda ultra corta
para un curso experimental
de expertos en corruptología
ahí en el fondo en la cripta anunciación
subimos paloma uterina escudo
caparazón cúpula de barro arriba ascensor
muro Le Corbusier cielo de cemento
último piso
torre esferoidal de acero construcción
voladiza en ladrillos de vidrio
techo astronómico boquiabierto
astrolabio
provisto de limbos graduados
para medir el ángulo sujeto a error
de la eternidad entre nosotros
entre casa observatorio
entre tú y yo amantes
hechos una misma velocidad de cuerpo y alma
alunizamos en nuestro propio corazón
dimos la vuelta a la tierra de Moebius
marchamos sobre su pista enguantada
a kilómetros años luz de vertiginosa
felicidad

than life for unlived life
this corridor with no exit a corridor
circuiting ball of yarn around the coiled rope
winding staircase ramp
who of us finds the end in the skein?
vagabonds wanderers there
in the hollow of your hand

there you see
the three uncertain Fates miners
researchers educating
Guinea pigs electric filaments
bats of ultra short wave
for an experimental course
taught by experts on corruptology
there at the end of the annunciation crypt
we ascend uterine dove shield
shell clay cupola elevator up
wall Le Corbusier cement sky
top floor
spherical steel tower
cantilevered bricks of glass
astronomical ceiling openmouthed
astrolabe
equipped with graduate limbs
to measure the angle subject to error
of the eternity between us
between the observatory house
between you and I lovers
turned into a same body-and-soul velocity
we moonland on our hearts
we circled Möbius's earth
we marched over its gloved field
at kilometers light years of vertiginous
happiness

Las Nubes Magallánicas

Cuando transitamos a velocidad cotidiana
la gran avenida vía Láctea paseo
cielo parque conocido desde niña y
antes aún de papá y mamá muy semejante
a 18 de julio cuando mirábamos pasar
desde el Chevrolet 36 detenido en la acera
a las personas preparadas para una exposición
rodante con aire de retreta y repasaba
un examen de historia natural
y sus vidrieras falsas de vida nocturna amarillenta
en bajo voltaje sobrecargado a punto de estallar
y se enciende el motor y se cruzan las calles
de la Aguada la estación de tranvías del Reducto
con reloj en hora hasta el Brazo Oriental
de vuelta por San Martín entre plátanos jóvenes
hasta Huáscar corta y sin hormigonar y cuando

llegamos a casa ahora en otro lado
del mapa de la ciudad en la punta
más cerca de un labio del planeta
cuando volvemos a esta turbia clara
circunvalación suburbana
mezclados de yema central y del ruido
usurero de un río de plata baja
batiendo contra el murallón de la rambla
costanera o crecido sobre la orilla arenosa
apretando un huevo puesto en pleno vuelo
así con la cáscara partida Montevideo derramado
por un pájaro parecido al ave tiempo
del segundo viaje de Simbad
y cuando es hora de amor y de ladrones
en el monte de al lado
o cuando sobre la playa me tiro al agua
entre los crustáceos al fondo en su elemento
o a un pozo para desaparecer o morir
de otra envergadura en otro viaje
navegando surcando el agua negra

The Magellanic Clouds

When we travel at everyday speed
across the great avenue Milky Way a promenade
Sky park known since childhood and
even before mother and father very similar
to Avenida 18 de julio when we'd see go by
from a '36 Chevy idling near the curve
people prepared for a traveling
exhibition redolent of carnival and I'd go over
a natural history examination
and its fake showcases of yellowish night life
in low voltage overloaded to the point of near explosion
and ignition is on and we drive through the streets
of the Aguada neighborhood and the tram station of Reducto
with the clock on the dot until getting to the Brazo Oriental
returning through San Martin lined by young bananas
arriving at the short, unpaved street of Huáscar, and when

we arrive home now in a different location
on the city's map, on the tip
closest to one of the planet's lips
when we return to this muddy, clear
suburban loop
mixed with the central yolk and the greedy
noise of a river low in silver
lashing the coastal rambla's seawall
or rising over its sandy edge
squeezing an egg laid during flight
so there it is with its cracked shell, Montevideo spilled
by a bird akin to the bird of time
in Sinbad's second voyage
and when it is time for lovers and thieves
in the nearby hill
or when at the beach I jump into the water
amid the crustaceans at the bottom, in their element
or into a well to disappear or die
with a different breadth in another voyage
navigating crossing the black water

a la pesca de presas de oro prometidas
abierto hasta los tuétanos el tesoro
de los antepasados latinos industriosos y avaros

quedan someras sobras sobre la mesa tendida
queso para trampas caseras y cebo rancio
y lentejas con tocino guisadas
para alimentar los diarios malos entendidos
viejos como el mundo
un plato por otro de carne viva fría
o trozos dando coletazos de eso que somos
por dentro y no se ve
y emerge a veces en rabiosa pesca mayor
difícil de descuartizar

aventamos las plumas indemnes sepultadas
de aves americanas o de indios charrúas
entusiastas asadores de Solís el descubridor
de este lecho correntoso donde aún desovan
las corvinas con cangrejilla y los delfines maman
sin línea directa a ningún trono de la tierra
y se enturbia una resaca misionera colonial

cuando ocurre un accidente
y muere un niño ciclista aplastado
contra el parabrisas asesino del automóvil
en Caramurú junto al arroyo
cuando suena el despertador y repica el pulso
en las coronarias
cuando me despierto y recuerdo

alguien está mirando directamente nuestra espalda
el codo pelado la nuca las vértebras lumbares
que sólo conocemos por dentro
en el interior del espejo en la penumbra
de una radiografía
o el repliegue astuto de la oreja palpable
o la cara oculta de la luna observando
con una lupa de tiempo

fishing for the promised prey of gold
opened to its marrow the treasure
of our Latin ancestors industrious and miserly

there are scant leftovers on the set table
cheese for homemade traps and rancid fodder
and lentils cooked with bacon
to feed the daily misunderstandings
as old as the world
one dish for another of cold, live flesh
or thrashing pieces of what we are
inside and is invisible
and sometimes emerges in a raging major catch
difficult to dismember

we toss out the buried unscathed feathers
of American birds or the Charrúa Indians
enthusiastic stabbers of Solís the discoverer
of the bed of this rapid stream where even
baited corvina fish spawn and dolphins suck milk
without a direct line to any of the world's thrones
and a missionary colonial undertow muddies

when an accident happens
and a boy on his bike dies crushed
against the murderous windshield of a car
in Caramurú, near a stream
when the alarm clock goes off and the pulse buzzes
in the coronary arteries
when I wake up and remember

someone is staring directly at our backs
our bare elbows our napes our lumbar vertebrae
which we only know from within
from the inside of a mirror in the half-light
of an x-ray
or the astute crease of our palpable ear
or the dark side of the moon contemplating
with a magnifying glass of time

ampliando el espectro en sus fantasmas
verdaderos

las Nubes de Magallanes encienden en los alrededores de
nuestro polo celeste austral dos jirones arrancados a la
vía Láctea de forma vagamente circular
la Gran Nube se extiende en la constelación de la Dorada
la Pequeña Nube en la constelación del Tucán
la Gran Nube contiene estrellas supergigantes azules o
rojas nebulosas gaseosas de emisión por ejemplo una de
las más luminosas del firmamento la nebulosa de la
Tarántula y cefeidas típicas y polvos absorbentes que no
dejan ver las galaxias alejadas la Pequeña Nube en
cambio es transparente

se descubren puentes de materia retorcidos formando bucles desplegados
a semejanza de tenues ramajes o estirados al máximo y casi quebrados
existe un fondo luminoso continuo en las regiones centrales de los gran-
des cúmulos de galaxias la difusión es uniforme y granada más o menos
quinientos millones por ahora de gérmenes de infinito ah! entrego parte
de un botín de guerra diaria en prenda por un largo corredor o paso de
materia recién descubierto

el mar es cada vez más liviano y hondo
la respiración suave acompasada
el pensamiento apenas esbozado
por palabras sencillas
el cielo abierto de pie sostiene a pulso
nuestras preguntas de rigor

el viejo por qué deforme
con sus débiles huesos contrahechos

el plano galáxico se halla cubierto por nubes de gas
polvoriento alineadas a lo largo de las espiras

la imagen más simple y correcta del universo es
todavía la de un espacio euclidiano regularmente
poblado de este animal enloquecido mordiéndose la

amplifying the spectrum with its true
ghosts

the Magellanic Clouds light in the surroundings
of our austral celestial pole two wisps torn from the
Milky Way their shape is vaguely circular
the Large Cloud extends to the constellation of Dorado
the Small Cloud to the constellation of Tucana
the Large Cloud contains supergiant stars both blue
and red emission nebulae for instance one of the
firmament's most luminous the Tarantula Nebula
and Classical Cepheids and dust blocking
distant galaxies from view the Small Cloud on the
contrary is see-through

one discovers bridges of twisted matter forming curls either unfurled and
resembling tenuous branches or stretched to the limit and almost broken
there is a continuous luminous backdrop in the central regions of the
great clusters of galaxies diffusion is uniform and significant more or less
five hundred million embryos for now of infinitude ah! I turn in part of a
daily war booty as pledge through a long corridor or a recently discovered
pathway of matter

the sea is ever lighter and deeper
breathing soft and rhythmic
thought barely outlined
by simple words
the upright open sky painstakingly sustains
our de rigueur questions

why the old man deformed
his weak bones misshapen

the galaxy's plane is covered by clouds of dusty
gas along the spires

the simplest and most accurate image of the universe is
still that of an Euclidean space regularly
inhabited by this deranged animal biting its

cola y pariendo estrellas que miramos cada noche
sin ver en la oscuridad más allá de nuestros ojos

el sur y el norte prevalecen luchando en un circo cerrado
se da vuelta el hemisferio austral donde nacimos
abrimos con el navegante Magallanes y los sesenta bramadores
su estrecho pasaje y giramos al norte
de un solo espacio todopoderoso
estaba cercano entonces del otro lado infinito
la incorruptible mujer encadenada a poca distancia
del polo boreal
la gran espiral Messier 31 de Andrómeda
expuesta hasta los ovarios destellantes
entre los tejidos borbotando sombra
atada a una roca radioactiva radiofluente
radioeléctrica
a la orilla de un océano de frías olas de hidrógeno
cayendo sobre sus flancos de virgo devota Persea
nebulosa foca o vaca marina entre los árabes
también encadenada

zumba el ruido de fondo de la galaxia
una sierra sin fin preparando el árbol del silencio
en muestras microméticas
canta la marea boscosa del tremendo mar
este mismo mar sucio de arrastre o río grande
como mar Paraná Guazú salado y dulce
en el entrevero y una mujer desnuda sobre las rocas
entre playa Verde y playa Honda con los pies
donde golpean las olas esperando al amante que traerá
de los correosos pelos la cabeza de Medusa junto
al juego de anillos como regalo de bodas
golpean rompen las olas de hidrógeno sobre los flancos
desnudos sobre la gran espiral
Messier 31 de Andrómeda sobre esa mujer
asoleándose
extendiéndose caliente y tersa
con los brazos firmes en la axila y el cuerpo de
pan bien amasado pronto para el horno de una playa desierta

tail and spawning stars that we see every night
without seeing beyond our eyes in the dark

south and north continue wrestling in a closed circus
the austral hemisphere where we were born turns
we open with seafarer Magellan and the sixty bellowers
his narrow strait and then we veer north
of a sole almighty space
the other infinite space was then nearby
the incorruptible chained woman in close proximity
to the boreal pole
Andromeda's great spiral Messier 31
exposed even her dazzling ovaries
between tissues that gush shadows
she tied to a radioactive radiofluent
radioelectric rock
on the edge of an ocean of cold hydrogen waves
breaking on her flanks of devout virgo Persea
nebulous seal or marine cow among the Arabs
also chained

the buzz of the galaxy's background noise
a saw endlessly preparing the tree of silence
in microsamples
sing the forested tide of a tremendous ocean
this very ocean dirtied by the pull or a river as big
as an ocean Paraná Guazú with saltwater and fresh water
in the mêlée and a woman lying naked on the rocks
between Playa Verde and Playa Honda her feet
where the waves break waiting for the lover lugging
Medusa's head by its coarse hair along with
a set of rings as a wedding gift
the hydrogen waves crash and break on the bare
flanks of the great spiral
Andromeda's Messier 31 on the sunbathing
woman
splayed warm and soft
with arms firm on her armpits and a body of
well-kneaded bread ready for the oven of a desert beach

los redondos senos contra el sol mostrando
las palpitantes cefeidas y el sexo de humo espeso
respirando a empujones sobre esa mujer sola
asoleándose sobre Andrómeda en puro cuerpo
sobre la gran espiral Messier 31 encadenada a la espera
estaba una noche en las rocas de la plaza Virgilio
vigilando el Río de la Plata atenta
al contrabando de las aguas por el mismo cielo
a través de un ojo de bronce
abierto a los caídos en el mar

aguardaba el tránsito suntuoso de la nave Argos
a toda luz en la altura desplegada cerca del sur celeste
hundida la quilla en la negra onda hasta Canope
el piloto alfa de la Carena a la vista siempre
en su encrespada línea de flotación
no tenía apuro y no podía moverme
la espalda entumida al contacto de la dura oscuridad
apenas arribaba a la costa un ruido periódico
volcando una redada de segundos
recién pescados y todavía vivos

cuando se está solo se sienten más
fuertes las ligaduras y el peso real
del leve firmamento extendido
sobre el cuerpo afiebrado

el Navío se acercaba lentamente balanceando
su popa y volviendo al puerto de partida

no podía saber cuál era su destino
no creo que pasara por allí
por el sitio aquel donde esperaba
¿acaso el propio Argos podría
descubrir el escondrijo situado
en una punta montevideana
donde permanezco atada a esta escritura?

her round breasts facing the sun showing
the palpitating Cepheids and the thick smoky sex
breathing heavily over the lone woman
her full body sunbathing over Andromeda
on the great spiral Messier 31 chained waiting
one night she was on the rocks of Plaza Virgilio
keeping watch over the Río de la Plata attentive to
the very sky's smuggling of water
with her eye of bronze
open to the sea's fallen

I awaited the sumptuous transit of the Argo
visibly traversing the heights near the celestial south
the keel plunging in the black wave toward Canopus
the alpha pilot of Carina always in view
in its broken up waterline
I was in no rush and I couldn't move
my back numb upon contact with the stiff darkness
an intermittent noise faintly heard on the coast
turning over a raid of newly fished
and still live seconds

when one is alone the ligatures and real heft
of the lightweight firmament extended
over the feverish body
are felt more intensely

the ship approached slowly balancing
its stern and returning to its port of departure

I couldn't know its destiny
I didn't think it'd be passing
this place where I was waiting
could it be that Argo itself
might discover this hideout
at the tip of Montevideo
where I am still bound to this writing?

las estrellas se detienen posadas en el mástil
y aletean sacudiendo el profundo duermevela
la noche es larga y todo pasa cerca
y sigue trajinando
en la pulsación se mide la distancia
se sabe la temida trayectoria se numeran
los latidos que nos restan de la suma inicial
entregada a cuenta del propio corazón
¿Andrómeda eres tú aquella insomne nebulosa o
ésta que soy ahora transitoria aquí en la tierra?
pasa el Navío enarbolado en toda su gloria
sobre el meridiano
recuerda: el viejo Ptolomeo catalogó en la constelación cuarenta y cinco
estrellas en orden similar al de un tratado sobre la forma de construir
barcos los astrónomos modernos la dividen y le detallan quilla popa mástil
vela pero sólo la mitad trasera del buque asoma a la carta de navegación
de altura andando de tal suerte en su carrera nocturna de este a oeste que
la popa va delante retrocediendo en la dirección del muelle
Andrómeda ¿me oyes?
estoy en el polo opuesto de todas tus prerrogativas
hago apenas esfuerzos por soltarme quizá
me arrastrara la corriente que más temo
o un chorro eneguecedor de luminarias dementes
noctilucas militantes

se mueve el océano invertido combado
casco protector reticulado sobre la forma
de la inteligencia
se arquea el universo en grave mitovulsión
acá las olas caen en mitad de la calle
sobre la gente que pasa despenada y sueño abajo
la marea cubre el jardín de las manzanas de oro
empuja la puerta principal la espuma se deshace
sobre la mesa de trabajo en vano estrellerío
nubes atormentadas descomponen las lejanas
Nubes de Magallanes sus tenues blancos luminosos
donde jamás encallará el Navío

stars come to rest on the mast
they flutter and shake up the deep daydream
the night is long and everything passes by close
goes on bustling about
distance is measured in pulsations
the feared trajectory is known numbered
are the palpitations subtracted from the initial sum
allotted to our hearts' accounts
Andromeda are you that sleepless nebulae or
is it me who is transiently here on earth?
the ship goes by hoisted in all its glory
over the meridian
remember: old Ptolemy catalogued the constellation with its forty-five stars in an order similar to that of a treaty on shipbuilding modern astronomers divide it in detail keel stern mast but only the rear half of the ship peeks in a sea-navigation chart advancing in such a way in its nocturnal course from East to West that the stern goes forward by backing up toward the dock
Andromeda, can you hear me?
I am on the pole opposite to all of your prerogatives
I make minimal efforts at letting go perhaps
the current I fear the most pulls me
or a blinding spurt of frenzied luminaries
militant noctilucae

the ocean moves inverted bent
a protective helmet cross-linked over the shape
of intelligence
the universe bows in a deep mythovulsion
here waves break in the middle of the street
over people passing by untroubled and with downward sleep
the tide washes over the garden of the golden apples
pushes open the main entrance the foam dissolves
over the worktable in a vain profusion of star
tormented clouds upset the distant
Magellanic Clouds their tenuous luminous whites
where the ship will never run aground

acá llueve es noche cerrada
hay explosiones de miseria en cadena
minifundios de dolor y de torpeza hay barro
hay tierra hay animales hocicando
hay espesos desperdicios basurales hay
alcantarillas cloacas sumideros bocas
de tormenta tragándose el mundo de este lado
la tortura inclemente centrífuga de Andrómeda
la deriva el hundimiento del Navío aquí
en su plenitud austral y para los antiguos griegos
observadores desde el otro hemisferio levantando
sus restos en el horizonte acuoso
y el fin de Magallanes atravesado por una lanza
que lo clavó de bruces en una isla salvaje
antes de terminar la redondez del globo

y llueve en el oscuro de veras no se ven las palmas
de las manos no hay paseo de niña ni juego
de palabras cruzadas ni viaje a Europa
ni principio tienen las cosas
en la gran avenida se ahorra energía
y en la central hidroeléctrica hay fisuras
en los muros de cemento
no hay luz no se ve nada y llueve
pero me acuerdo de la luz
otros cantan conmigo de memoria la luz que vendrá
se enfutura se esperanza se constela adentro
lanzallamas un hogar vivo amotinado
estrellas sindicadas obreras de un cielofábrica de barrio
donde se elabora destellando la historia del comienzo

here it rains the night is shut
there is a chain of explosions of misery
smallholdings of pain and awkwardness there is mud
there is soil there are animals sniffing about
there is thick rubbish waste there are
drains sewers sinkholes mouths
of storms swallowing this side of the world
Andromeda's centrifugal torture
the drift the sinking of the ship here
in its austral plenitude and for the Ancient Greek
contemplating from another raised hemisphere
their remains in the aqueous horizon
and the end of Magellan pierced by a spear
that pinned him headlong into a wild island
before completing the globe's circumference

it rains in the dark truly invisible are the palms
of one's hands there's no stroll for the girl nor crossword
puzzle nor trip to Europe
things even lack a beginning
in the great promenade energy is conserved
and in the hydroelectric plant cement walls
are cracked
there is a power outage nothing can be seen it rains
but I remember the light
others sing with me by heart the light is coming
is filled with hope it futurizes and constellates itself
flamethrower a home alive a mutiny
syndicated worker stars in a neighborhood's skyfactory
where the story of the beginning scintillates is being told

—Translated by Mónica de la Torre

Leonardo da Vinci y yo

Cuando tenía trece, catorce años
yo quería ser como Leonardo da Vinci.
Leí una biografía de Leonardo: *La resurrección
de los dioses* creo que se llamaba (me la regaló
mi madre), por Dmitri Merejkovski, el marido
de Zinaida Gippius, poeta rusa de la Edad de Plata.
Me deslumbró Leonardo. Yo quería ser como él.
Él era zurdo—yo era zurda—él era inventor—
yo quería pintar—él la geometría—yo la geometría—
él, en vuelo—yo soñaba que volaba—él escribía
sus manuscritos con la mano izquierda, yendo de derecha
a izquierda—y se leían a derechas reflejados en un espejo—
eran secretos. Yo escribí y saqué apuntes y escribí
muchas cosas de esa manera. Él era el maestro—yo
la discípula. Había pegado con chinches muchos dibujos
de Leonardo: cabezas, caras fascinantes en la pared de mi
cuarto—también mantos—guinda oscuro y verde musgo
de los paisajes lejanos—que me absorbían la vista
cuando miraba las reproducciones de sus misteriosas pinturas.
Él inventaba alas—yo imaginaba un mecanismo
de espejos sobre una esfera que recibiera la luz del sol
en forma sucesiva para iluminar y calentar al Polo Norte.
En esa época no le daba importancia al Polo Sur.
Tampoco podía imaginar que pasaría si se derretían ambos polos.
Por ahí deben estar los dibujos—hechos a compás.
Ya sé que los rusos hace unos meses enviaron un gran espejo
desplegable como un paraguas a la estratosfera—
con propósito parecido. Pero fracasó. El espejo no se abrió.
Con Leonardo era diferente. Las matemáticas,
la geometría, el vuelo, la sombra, el claroscuro,
la penumbra, la sonrisa insinuada, el color como seducción—
mucho después me encontré con todo eso—en los museos
sentí de golpe el palpitar del corazón de Leonardo.
A la Gioconda le pusieron bigotes—o la hicieron bizca—
movieron su mano como si tuviera Parkinson—
pero la Gioconda sonríe leve—tanto que a veces
no lo parece. La Gioconda es sobrenatural.
Habita el tiempo. Su propia casa.

Leonardo da Vinci and Me

When I was thirteen, fourteen years old,
I wanted to be like Leonardo da Vinci.
I read a biography of Leonardo: *Resurrection
of the Gods*, I think it was called (gift from
my mother), by Dmitri Merezhkovsky, the husband
of Zinaida Gippius, Russian poet of the Silver Age.
Leonardo dazzled me. I yearned to be like him.
He was a southpaw; I was a southpaw. He was an inventor;
I longed to paint—geometry his; geometry mine—
he in flight; I dreamt I flew—he wrote his manuscripts
with left hand, moving right to left—and mirrored, they read aright—
encrypted. I wrote and took notes and wrote
lots of things in that direction. He was the master, I
the disciple. I'd tacked up lots of Leonardo's
drawings: heads, magnificent faces, on the walls
of my room—also the robes—dark and moss-green
like the far lands—my gaze fixed
in the strange reproductions.
He'd dream up wings—I thought up a device
of mirrors above a sphere, reflecting the sun
in repeating waves to illumine and heat-up the North Pole.
Back then, Antarctica wasn't much on my mind.
Nor was I aware, alas, what would happen if the poles did melt.
The plan should be somewhere, compass-made.
I know the Russians sent up a great mirror a few months back,
one that unfolds umbrella-like in the stratosphere
with like purpose. But it flopped. The mirror would not unfold.
With Leonardo things weren't like that. Mathematics,
geometry, flight, shadow, chiaroscuro,
penumbra, the sly smile, color as erotic
—much later I discovered all that—in the museums
I felt his heartbeat inside me!
They put a mustache on Gioconda—or turned her cross-eyed
—they gave her hand a Parkinson's flutter
—but Gioconda keeps smiling, faintly—so faintly it almost
seems she isn't. Gioconda is freaky.
She inhabits time. It is her very house.

—Translated by Kent Johnson

Amanda Berenguer

Selva Casal

Confesión

Memphis está a mi lado en silencio
echado sobre la tierra bajo los árboles
Otros sepultados junto a los rosales y los hibiscos
Nosotros los humanos creemos que sabemos todo
pero las flores celestes sí que saben
No se sorprenderán cuando llegue ese día
Si es una confesión confieso
Yo vivo como en guerra
Quien se encuentra conmigo se encuentra con el cosmos
Cuidé un niño una noche de hospital
Una golondrina que no volvió a volar
Defendí asesinos
Me despierto de madrugada escucho el croar de las ranas
El retumbar de las macumbas
Alucinada voy entre las cosas
Tengo sueños premonitorios
Cómo no iban a amarme si tú me hubieras conocido
también me habrías amado
Pero los animales están amenazados de muerte
Nosotros estamos amenazados de muerte
Los tecnócratas todavía no han podido quitarle el color azul al cielo
Quién puede con la noche
En este país todos me castigaron
Y ese amigo todo violeta y ese amigo todo azul
conocen mis calamidades
Las calles están ensangrentadas
Los viejos engendran sin cesar las mujeres ya muertas dan a luz
Quién me hizo así no me parezco a nadie
Me alcanza con un libro con un árbol me alcanza
Escribo en los almanaques en las hojas de diarios
Acá mi tierra la que furiosamente me destituyó
Acá mis tumbas
Siento el bosque el día en que nos despedazó el big bang
Concurso méritos carpetas que guardan celosamente nuestros datos

Selva Casal

Confession

Memphis is beside me silent
lying on the ground beneath the trees
Others buried by the roses and hibiscus
We humans think we know everything
but the sky-blue flowers really do know
They won't be surprised when that day comes
If it's a confession I confess
I live as in wartime
Whoever meets me meets the cosmos
I cared for a child one hospital night
A swallow that never soared again
I defended assassins
I wake up at dawn I hear frogs croak
Macumbas boom
I wander about in a trance
I have premonitory dreams
Of course they loved me if you had known me
you'd have loved me too
But animals are threatened with death
We are threatened with death
The technocrats have yet to succeed in draining the blue from the sky
Who can stand nighttime
In this country everyone punished me
And that friend all violet and that friend all blue
know what I've been through
The streets are blood-soaked
The elderly breed incessantly dead women give birth
Who made me like this I don't look like anyone
I'm fine with a book with a tree I'm fine
I write in datebooks on journal pages
This my own land that furiously dismissed me
These my tombs
I hear the forest the day the big bang ripped us apart
I'm competing on merit folders jealously holding our details

Nada es real
La vida es terrible pero a nadie le gusta morir
He plantado muchos árboles he vivido muchas vidas
En mí no busquen subterfugios ni lógica ni explicaciones
Sé que todo explotará para volver
Que me engendraron desde una niña muerta
Que no me adapté jamás
Hay más neuronas en mi cabeza que estrellas en el cielo
Son tantos ya los muertos que me aman
Las cosas por las que solía llorar
Son tantos los amores y los odios
las escuelas quebradas
Escuchadme campanas girones de la noche escuchadme
Los débiles hacen la violencia los fuertes hacen la violencia
Hay leyes para aplicarlas
Violencia contra la naturaleza contra ti contra mí
Es una crueldad repetías y era cierto
No verte nunca más no saber nada
Es necesario destruirlo todo
Sin embargo morir aquí sería hermoso
Porque qué mayor alucinógeno que el morir
Qué más extraño que despertar cada mañana y descubrirse vivo
mientras un loco se esconde para matarte en un rincón de un sanatorio
donde todos aseguran que se trata de un delirio de persecución
y no tiene importancia

Sexo y guerra

Sexo y guerra rigen el mundo
Si no te matan
mata
De los opuestos nace la luz
La guerra es madre de todas las cosas
dijo Heráclito
Creías en la vida
tu vida

Nothing is real
Life is dreadful but no one likes to die
I've planted many trees I've lived many lives
Don't look for pretense or logic or explanations in me
I know that everything will explode to come back
That they bred me from a dead girl
That I never adapted
There are more neurons in my head than stars in the sky
Already so many dead who love me
Things I used to cry for
So many loves and hates
broken schools
Listen to me revolving night bells listen to me
The weak do violence the strong do violence
Laws exist to be imposed
Violence against nature against you against me
It's cruel you kept saying and it was true
Never to see you again never know anything
We have to destroy it all
But still, to die here would be lovely
For what better drug than to die
What stranger than waking each morning and finding yourself alive
while a madman hides waiting to kill you in the corner of an asylum
where everyone swears it's just a delusion of persecution
and not a big deal

Sex and War

Sex and war rule the world
If they don't kill you
it kills
Light is born of opposites
War is the mother of all things
Heraclitus said
You believed in life
your life

y hasta en la muerte a veces
No sabías
que todo es nada
Nada
Yo amaba las hormigas los astros
Devoraba la hierba las ciruelas
las uvas de mi infancia
¿Qué es ser normal?
Mi madre exclamó: no sufras tanto
Las madres creen que los hijos son eternos
Se enraizan de misterio
y extrañas oraciones
cierran los ojos para no saber
Si por lo menos un león me devorara
o pudiera explotar como un quasar
Sexo placer y ruina
en la tierra
La guerra esmalta las ciudades
con un manto de hongos misteriosos
Es el imperio de la lava y el fuego nuestro destino
Hay una especie en vías de extinción
Tiene dientes atómicos
La crueldad y la violencia
no es crueldad ni violencia
Sin poder complacer a aquel que tanto amaba
no morí
Qué sé yo
Vengo de una estirpe de odio
Ya no puedo pensar me he consumido
No tengo alma no tengo cuerpo
Siento sus cuchillos horadando los vientres
Los árboles y sus sombras atávicas
El semen flotando en el mar
Sexo y guerra
Tiemblo cual si un continuo golpe eléctrico
con furia me abrazara
Ábranme las vísceras
Me entrego toda rápido
Sólo mi imaginación existe

and even in death sometimes
You didn't know
that everything is nothing
Nothing
I loved the ants the stars
I devoured the grass the plums
the grapes of my childhood
What does it mean to be normal?
There there, my mother intoned
Mothers think children are eternal
They root themselves in mystery
and strange prayers
they close their eyes not to know
If only a lion had devoured me
or I'd been able to explode like a quasar
Sex pleasure and ruin
on earth
War coats cities
with a mantle of mysterious fungi
Our destiny is the empire of lava and fire
There's an endangered species
It has atomic teeth
Cruelty and violence
isn't cruelty or violence
Unable to please the one I loved so much
I didn't die
What do I know
I come from a hateful line
I can't think anymore I've consumed myself
I have no soul I have no body
I feel their knives boring into wombs
Trees and their atavistic shadows
Semen floating in the sea
Sex and war
I tremble as if a ceaseless electric shock
were furiously wrapping around me
Rip open my insides
I surrender my whole self quickly
Only my imagination exists

ve más
Estoy comprometida con todos los hombres
vivos y muertos
con los que me aman
con los que me odian
con todos me desposé
a todos los asesiné.

La sangre

La ligereza del aire
La certidumbre de morir
Las imágenes que me alucinan
Los amigos que llegan y se van
Un pozo profundo se apodera de mí
y ya no sé qué hacer
porque todo lo que haga será inútil
La sangre seguirá circulando por las venas
A la hora 6 amanecerá
Haré jugo de naranjas me lavaré los dientes
Los consultorios enmohecerán
Las mujeres abortarán los hijos
Los hijos engendrarán a sus padres
La clase de contabilidad se llenará de fetos
Acaso no te había dicho que era fácil morir
y que todas las paredes perderían su piel.

Ser mortales

Ser mortales nos ciega de tal forma
Queremos hacer tanto
antes que se termine
Deberíamos saberlo

keeps seeing
I'm engaged to all men
alive and dead
to those who love me
to those who hate me
I married them all
I murdered them all

Blood

Lightness of the air
Certainty of dying
Images that entrance me
Friends coming and going
A deep well comes over me
and I don't know what to do anymore
because anything I do will be pointless
Blood will keep coursing through my veins
At 6 o'clock the sun will rise
I'll make orange juice I'll brush my teeth
The clinics will get moldy
Women will abort their children
Children will father their parents
The accounting class will fill with fetuses
Maybe I didn't tell you it was easy to die
and that all the walls would shed their skin.

—Translated by Laura Healy

Being Mortal

Somehow, being mortal blinds us
Our schedules full,
to do before it's done.
We shouldn't be taken in

pero alguien a nuestro oído habla y nos induce
a ir devorando días como peces
sobre manteles limpios
a decir buenos días señores buenas tardes
Siento una inquietud que mata
un temblor que enloquece
un querer abrazar a mano armada
un amar a destiempo
Ser mortales nos ciega de tal forma
Ser mortales nos salva
Más que temer
morir es atravesar la luz
casi como recibir una carta
a la que miramos de soslayo
y no abrimos jamás
Ya sabemos qué dice.

El que mueve las garras

Comemos y seremos comidos
porque parece que dormimos
despertamos
a la sombra del árbol de la vida
Hice un bosque con un lugar para cada alimaña
Se engarzó de planetas
y con trozos de arcilla labré mi descendencia
tal el amanecer hace los días
Culpa no hay
Nadie se precipita
y aquel dolor no está
Está otro
Es otro amor el que mueve las garras

But someone gets our ear and we're egged on
to devour days like fish
on clean tablecloths
to say good day sirs good afternoon
I feel a killer restlessness
a trembling driving me mad
a love hug at gunpoint
a love with the worst timing
Being mortal blinds us
Being mortal saves us
more than fear
Death means crossing into the light
almost like getting a letter
which we eye suspiciously
and never open.
We know what it says.

Whose Claws Clamp Down

We eat and are eaten
because we seem to sleep
we awaken
shaded by the tree of life
I made a forest with a region for each vermin
Strung up in planets
and from pieces of clay I carved out my descendents
as dawn does with days.
No one blames
Nobody rushes
and that pain recedes
It's another
Another love that clamps its claws down

Porque nunca veremos la catástrofe
Grabados fuimos en el ala de una mariposa
Para nosotros fue reservado el viento
Una gran piedad nos nubla la mirada
Cuajada de azucenas cayó la noche
y no la vimos
Desde un abismo nació la especie
Jamás nada
Cómo danza la noche dentro de la noche
Cómo danza
Porque nunca veremos la catástrofe
ni siquiera sabremos del caer de una hoja
y tan sólo nos fue dado morir.

Nada que no sea amar

Si al despertar vivía y hacía frío
Si yo supiera algo
hubiera aprendido cualquier cosa
sería mentira
Algo así como el espantapájaro
es un hombre de mentira
o el lugar donde se amontonan los huesos
Pero por suerte no aprendí nada
Aunque parezca imposible y el sol caiga de bruces
y el cielo todo del amor se desmorone
Los pájaros y las abejas
comunican entre sí a las flores para que se amen
y la tierra no quede vacía
nada que no sea amar vale la pena
ni el aplauso ni el grito
Lo que yo plasmo es sueño
Todos los que maté ya estaban muertos.

[Untitled]

Because we'll not see disaster
We were engraved on a butterfly wing
The wind was ours alone
a great piety, our faces glaze over
Lilies curd night fell
and we didn't see it,
the species furnished from an abyss
Nothing ever
How the night dances all in a night
How it dances
Because we'll not see disaster
not even know the falling of a leaf
we were given death alone.

Nothing If It Isn't Loving

If on waking I lived and it was cold
If I would've grasped anything
learned anything at all
I'd be lying
Something in the scarecrow
is in a man lying
or where our bones pile up
But luckily I learned nothing
Although it seems impossible and the sun sets in his face
and the sky for all love falls apart
The birds and the bees
communicate the flowers to love one another
so the earth doesn't empty
anything that isn't loving isn't worthwhile
Neither applause nor cry
I embody what I dream
All those I killed were already dead.

—Translated by Ryan Daley

Marosa Di Giorgio

de Humo

Para revivir la edad anaranjada, hay que convocar a todos los testigos, a los que sufrieron, a los que se reían, y también al más pequeño y al que estaba más lejos.

Hay que reencender a las abuelas; que vengan con sus grandes cruces de canela a cuestas y bien clavadas con aquellos largos clavos aromáticos, como cuando vivían alrededor del fuego y del almíbar.

Hay que interrogar al alhelí y acosarlo a preguntas, no vaya a perderse algún detalle morado.

Hay que hablar con la mariposa, seriamente, y con los gallos salvajes de bronca voz y grandes uñas de plata.

Y que vengan las verónicas de entonces, las pálidas verónicas—errantes entres las flores y los árboles y el humo—que devuelven el rostro del azúcar, el retrato de los higos.

Y mandar aviso a las glicinas para que traigan su vieja actitud de uva. Y a la populosa granada, y a la procesión de las yucas, y al guardián de los nísperos, amarillento y odioso, y a mi cabellera de entonces, toda llena de brujas y planetas, y a las cabañas errantes, y al ángel de los cerros, el de las amatistas—con un ala rosada y la otra azul— y a los azahares del limón, grandes como nardos.

Y que vengan todas las cajas de papel de plata, y todas las botellas de colores, y también las llaves y los abanicos, y el pastel de Navidad parado en sus zancos de cerezas.

Para revivir la edad anaranjada, hay que no olvidar a nadie, y hay que llamar a todos. Y sobre todo al señor humo, que es el más serio y el más tenue y el más amado.

Y hay que invitar a Dios.

Marosa Di Giorgio

from Smoke

In order to revive the orange age, you must assemble all of the witnesses, all those who suffered, those who laughed and even the youngest and those who were furthest away.

    You must rekindle your grandmothers; make them come with their great crucifixes of cinnamon in tow and well-nailed with those large aromatic cloves, just as when they lived surrounded by fire and nectar.

    You must interrogate the gillyflower and harass her with questions, until not a single purple detail is lost.

    You must talk with the butterfly, seriously, and savage roosters with their hoarse voices and great silver talons.

    And the veronicas shall come from way back when, pale veronicas—wandering among the flowers and smoke and trees—and the face of sugar, the portrait of the figs shall return.

    And advise the wisteria so that they bring their old resemblance to grape. And the populous pomegranate, and the procession of yuccas, and the guardian of the loquat tree, yellow and hateful, and my mane of hair from that time, all of it full of witches and planets, and the wandering livestock and the angel of the hills and of the amethysts—with one pink and one blue wing —and the lemon blossoms, as big as spikenards.

    And all of the silverplated cages shall come and all of the colored bottles and the keys and the fans and the Christmas cake standing on its cherry stilts.

    In order to revive the orange age, you cannot forget anyone, you must call everyone, most importantly the smoke man, who is the most serious and the most delicate and the most beloved.

    And you must invite God.

de Mesa de esmeralda

El gladiolo blanco volvió, otra vez.
A la verdad, nunca se fue de ahí.
En esa torre de corolas me crié.
Más allá están gladiolos
granates, negros, rojos,
por donde pasean las otras muchachas con sus novios.
Pero yo nunca pude salir del altar,
de esta empinada estantería de cristal.
Antes lo llamaban
la Puerta del Hada,
lo llamaban
el Aviso,
la Mirada.
De esa seda aún me visto,
de esa muselina, interminablemente me desvisto.
La luna lo pasea;
cada alba lo presenta.
Y yo no sé qué hacer,
me siento a tomar mi espuma,
la nieve del pastel.
Quisiera ir más allá, abajo, y más lejos,
por el predio de los alhelíes carmesíes,
pero mi mano de princesa
sólo elige este camino.
Antes lo llamaban la Diadema.
           El Aviso.

de La liebre de marzo

Para cazar insectos y aderezarlos, mi abuela era especial.
    Les mantenía la vida por mayor deleite y mayor asombro de los clientes y convivados.
    A la noche, íbamos a las mesitas de jardín con platitos y saleros.
    En torno, estaban los rosales; las rosas únicas, inmóviles y nevadas.
    Se oía el run run de los insectos, debidamente atados y mareados.

from The Emerald Table

The white gladiola came back again.
In truth, it never left there.
I grew up in that tower of corollas.
Beyond gladiolas appear
in garnet, black, red,
where other girls parade with their boyfriends.
But I could never leave the altar,
this steep crystal shelf.
They used to call it
the Fairy's Gate,
called it
the Warning,
the Gaze.
In that silk, I still dress,
I take off that muslin again and again.
The moon shows it off;
each dawn reveals it.
And I don't know what to do,
I sit down to drink my froth,
to eat the ice-cream from my cake.
I would like to go far away, down below, and beyond
through the crimson gillyflowers' lands
but my princess blood
chooses only this path.
They used to call it the Tiara.
      The Warning.

from The March Hare

My grandmother had a special talent for hunting and dressing insects.
 She would keep them alive to produce the greatest delectation and shock in her clients and cohabitants.
 At night we would go to the small tables of the garden with tiny plates and saltshakers.
 In turn, there were rosebushes, singular roses, snow-white and unmoving.

Los clientes llegaban como escondiéndose.

Algunos pedían luciérnagas, que era lo más caro. Aquellas luces.

Otros, mariposas gruesas, color crema, con una hoja de menta y un minúsculo caracolillo.

Y recuerdo cuando servimos a aquella gran mariposa negra, que parecía de terciopelo, que parecía una mujer.

*

Ser liebre.

Le veo las orejas como hojas, los ojos pardos, los bigotes de pistilo, un tic en la boca oscura, de alhelí.

Va, paso a paso, por las galerías abandonadas del campo.

Se mueve con un rumor de tambor. ¿Será un jefe liebre? ¿una liebre madre? ¿O un hombre liebre? ¿una mujer liebre? ¿Seré yo misma? Me toco las orejas delicadas, los ojos pardos, el bigote fino, la boca de alhelí, la dentadura nacarada, oscura.

Cerca, lejos, pían las liebres pollas.

Viene un olor de trébol, de margaritas amarillas de todo el campo, viene un olor de trébol.

Y las viejas estrellas se mueven como hojas.

de Magnolia

1

Aquella muchacha escribía poemas; los colocaba cerca de las hornacinas, de las tazas. Era cuando iban las nubes por las habitaciones, y siempre venía una grulla o un águila a tomar el té con mi madre.

Aquella muchacha escribía poemas enervantes y dulces, con gusto a durazno y a hueso y sangre de ave. Era en los viejos veranos de la casa, o en el otoño con las neblinas y los reyes. A veces, llegaba un druida, un monje de la mitad del bosque y tendía la mano esquelética, y mi madre le daba té y fingía rezar. Aquella muchacha escribía poemas; los colocaba cerca de las hornacinas, de las lámparas. A veces, entraban las nubes,

One could hear the buzz of insects duly bashful and confused.
The clients arrived furtively.
Some ordered fireflies, which were the most expensive. Those lights.
Others, fat butterflies, cream-colored with a sprig of mint and a small snail.
And I remember when we served that great black butterfly, the one that looked like velvet, that looked like a woman.

*

To be a hare.
I see its ears like leaves, its gray eyes, its whiskers like pistils, a twitch in its dark mouth of gillyflowers.
It moves, step by step, through the passageways of the countryside.
It moves with the murmur of a drum. Will it be a boss hare? A mother hare? Or a he-hare? A she-hare? Will I be myself? I touch my delicate ears, my gray eyes, my fine whiskers, my mouth of gillyflowers, my set of teeth, inlaid with mother of pearl, dark.
Near, far, the chick-hares peep.
I smell clover, yellow daisies from all over the countryside. I smell clover.
And the old stars tremble like leaves.

from Magnolia

1

That girl used to write poems; she used to place them near the niches, the teacups. That was when clouds moved through the bedrooms and a crane or an eagle was always coming to have tea with my mother.
That girl used to write poems unnerving and sweet with a preference for peach or bone or bird's blood. That was in the long-ago summers in the house or in autumn with mists and kings. Sometimes a druid would arrive, a monk from the middle of the forest and he would hold out his skeletal hand, and my mother would give him tea and pretend to pray. That girl used to write poems; she used to place them

el viento de abril, y se los llevaban; y allá en el aire ellos resplandecían; entonces, se amontonaban gozosos a leerlos, las mariposas y los santos.

*

27

Mientras la lluvia caía y el arvejal indefenso y gozoso se quemó, y aún después, mis padres hablaban del casamiento, y ya era el mediodía en el oscuro hogar y se asaban bajo la lámpara los lirios del almuerzo, y mi padre hablaba del novio y de su torre atrás de la montaña que nunca habíamos visto, y de su prado y de su invicto arvejal y de abejares. Y de súbito, él empezó a andar, tras la ventana sus astas largas, azules. Mis doce aniversarios se refugiaron temblando en el halda de mi madre; y pronto, él entró, los ojos le brillaban demasiado, hablaba un raro idioma del que, sin embargo, entendíamos; palabras como hojas de tártagos trozados por el viento, hongos saliendo de la tierra; mi nombre sonaba en sus labios de una manera alarmante. Subí a las habitaciones y las criadas, entre los roperos, hablaron de la boda como algo pavoroso.

    Dos crepúsculos más tarde, llegó el notario, y puso mi nombre en el acta y el de él, y bajamos al jardín, y ya estaban las abuelas y las bisabuelas, y todos, y repartíamos el vino, y trajimos el instrumento extraño, el que tenía una sola cuerda y daba una sola palabra en un solo tono, y volvimos a beber vino, y las bisabuelas rezaban, y después el sol se cayó atrás de los montes. Entonces, él me miró, y yo veía su rostro fijo en mí, sus largos cuernos adornados con azahares.

near the niches, the lamps. Sometimes, clouds would come in or the April wind, and they would carry them off; and there in the sky they would shine; then the butterflies and the saints would crowd around joyful to read them.

*

27

While the rain fell and the vetch field burned defenseless and rejoicing, and even after, my parents spoke of my marriage and now it was midday in the dark home and the irises from lunch roasted under the lamp and my father spoke about the bridegroom and the tower behind the mountain that we had never visited, and his fields and his unconquerable vetch field and his bee-hives. And unexpectedly he appeared, before the window his long blue flagstaffs. My twelve birthdays took refuge trembling in my mother's skirts; and suddenly he entered. His eyes sparkled too much, he spoke a strange language that nevertheless we understood; words like the leaves of the euphorbia torn by the wind, mushrooms coming out of the ground; my name sounded dangerous on his lips. I went up to the bedrooms, and housemaids, among the wardrobes, spoke of the wedding as of something terrifying.

Two twilights later, the notary arrived and put my name on the certificate along with his, and we went down to the garden, and grandmothers and great-grandmothers and everyone was there, and we shared wine and we brought out a strange instrument that had only one string and made the sound of a single word in a single tone and we drank more wine and the great-grandmothers prayed and then the sun fell behind the mountains. Then he looked at me and I saw his face fixed on mine, his long horns adorned with orange blossoms.

—Translated by Susan Briante

de Magnolia

7
(Para un hombre muerto)
    La luna estaba empollando; se le caen briznas blancas; vuelan seis grullas pequeñas. Y tú con esa nuca de nácar recién conseguida y que no puedes trizar, con esa madera que no se despega. Y nosotras vigilando tu muerte —las lejanas vecinas, la algarabía de los trineos, allá por los abedules y los sauces. Soñamos cosas imposibles, que estás más joven que nunca, que caminas, que tu hermosa virilidad conquista a las grullas, a las doce doncellas del bosque. Soñamos cosas imposibles —ya nos embriagan el rocío, el café— que echamos arroz de novio sobre tus cejas, leve jengibre por tu herida, una pastelillo hacia tus labios, una mariposa asada en sus propias plumas como menta de colores, almendra dorada, un pastelillo de azúcar de colores, y que lo devoras. Y hasta que llega el sueño y la noche cruza por su medianoche y pasa no sé qué tiempo, y vuelvo a abrir los ojos, y ya es muy temprano, ya vuelan las vecinas, los trineos, sobre las delicadas ovejas, y allá por el campanario, las pagodas, una lucecita dibuja el horizonte.
    Pero, entonces, tú te estremeces, levantas la cresta roja, las negras alas, y haces oír tu canto.

33

    De súbito acuciada por mi casa, estalló la guerra. Pasaban volando carros cargados de pastoras. La primavera, asustada, daba vuelcos. Y por el jardín, un caballo, alto, negro, que parecía ya muerto, la abstracción de los caballos, iba y venía, con una diadema de rubíes bien ceñida, que centelleaba con el sol y en el rocío; y una voz dijo, "Esa es la guerra" —y nosotros lo mirábamos asombradas.
    Todas las praderas se enfrentaron— murieron muchos pastores y corderos—, cambiaban cadáveres sembrados de flores. Y a la tarde, cuando a lo lejos, los árboles se vuelven alhelíes, se oía el clarín de guerra, la trompa de guerra, anunciando reposo; pero, casi siempre, en la sombra, la lucha proseguía. Teníamos que huir a los prados clausurados, a las habitaciones selladas, a los escondrijos. Levantábamos la frente con miedo espiando al aire y al cielo; y había señas fatales, estrellas con cauda; y

from Magnolia

7

(For a dead man)

    The moon was brooding; it drops white strands; six tiny cranes fly. And you with your neck of a newly obtained pearl, that pearl you cannot break, that wood which can't be removed. And we women keeping vigil over your death—the distant neighbors, the bustle of the sleighs, out there among the willows and poplars. We dream of impossible things, that you are younger than ever, that you walk, that your lovely virility conquers the cranes, the twelve maidens of the forest. We dream of impossible things—the dew, the coffee get us drunk—that we throw bridal rice over your eyebrows, light ginger over your wound; we raise a pastry to your lips, a butterfly roasted in its own feathers like a many-colored mint, a golden almond, a colorful sugar pastry, and you gulp it down. Until sleep comes and the night steps over its midnight and time—I don't know how much time—passes on, and I open my eyes again, and it's early; already the neighbors, the sleds are flying above the soft sheep, and there in the bell tower, the pagodas, a tiny light is drawing the horizon.

    But then, you start to shake; you lift your red crest, unfold your black wings, and make your song heard again.

33

All of a sudden, at the urging of my household, war broke out. Wagons filled with shepherdesses flew in from all sides. The spring, now frightened, began to spin. And in the garden one tall, black horse—he looked like he was dead, the abstraction of a horse—ran back and forth with a crown of rubies fixed tightly on his head, shining in the sun and the dew. A voice cried out, "This is war," and we stared at him in shock.

    All the meadows faced each other—many lambs and shepherds died—they turned into corpses covered with flowers. And at nightfall when—in the distance—the trees turn into wallflowers, we could hear the war clarion, the war trumpet calling for a ceasefire; but, almost always, the war went on in the shadows. We fled to the distant, closed-off pastures, the sealed-off rooms, our hide-outs. In terror we lifted our foreheads, staring at the air and the sky, where we saw terrible omens,

entre las telarañas se repetían estrellitas con cauda; y había lunas casi al alcance de la mano. A veces, pasaba un águila con una rama de laurel en el pico.

Hasta que al fin triunfó mi casa. Mi hermana ascendió al trono. Recuerdo el día de la coronación. Llegaron delegados de todas las praderas— traían corderos y miel y lavanda.

Recuerdo la noche de la coronación. A mi hermana y su belleza; la corona de rosas que ciñó. Aquella gran bacanal entre las hierbas.

35

Cuando nacían las violetas mi madre se alborozaba; era cuando las dos éramos niñas allá en la vieja casa, y nada podía destruir nuestra frenética amistad. Cuando nacían las violetas, mi madre sollozaba; detenía a todos los relojes, para encender el de la música. Enviaba mensajes a las vecinas, a las amigas: "Ellas nacieron," las convocaba.

Y a la tarde, nos reuníamos en el jardín, en torno a las flores. Las amigas de mi madre venían desde la Belleza; tal era su gracia; usaban vestidos de papel de seda y sombreros llenos de pájaros; un churrinche, un cuervo, dos o tres mariposas. Mi madre servía té, agudo, perfumado, y vino igual, y hablaba sólo de las violetas. Brindando por ellas, chocábamos las tazas (las tacitas porcelanas son de música). Mi madre hablaba sólo de las violetas; y en su honor, inventaba cuentos, poemas, himnos, otra vez, poemas. Ellas escondían la cabecita azul debajo del ala.

de Está en llamas el jardín natal

15

A veces, en la madrugada, llovía dulcemente, y parecía que un enjambre caía del cielo, que los muertos volvían a vida, que todo estaba bien.

Yo me asomaba a la ventana, y a la media luz, ya todas las hojas eran granates y amarillas, livianas y fragantes; como uvas o amapolas.

Y entre los grandes árboles, los monjes en sus casetas, pequeñas,

long-tailed stars, and among the cobwebs more long-tailed stars, and moons almost at hand's reach. Sometimes, an eagle flew by with a laurel branch in its beak.

    In the end my house emerged triumphant. My sister climbed up to the throne. I remember the day of her coronation. Delegates arrived from all the meadows; they bore lavender and honey and lambs.

    I remember the night of her coronation. My sister in her beauty; the crown of roses she wore. That great bacchanal among the grasses.

35

When the violets were born, my mother rejoiced; it was the time when the two of us were children in the old house, and nothing could ruin our frenetic friendship. When the violets were born, my mother sobbed; she stopped all the clocks in order to turn on the musical one. She sent messages to all our neighbors, her friends; "They're here," she announced.

    In the afternoon we gathered in the garden around the flowers. My mother's friends came from Beauty, such was their grace; they wore dresses of silken paper and hats filled with birds—a cardinal, a raven, two or three butterflies. My mother served tea, pungent, perfumed, along with wine, and she spoke of nothing but the violets. And then we raised a toast to them; we clicked our cups (small porcelain cups are made of music). My mother spoke of nothing but the violets, and she wrote stories, poems, hymns, more poems in their honor. And they hid their blue heads under their wings.

from The Native Garden Is in Flames

15

    Sometimes at dawn, it rained sweetly, and it seemed that a swarm was falling down from the sky, that the dead were returning to life, that all was well.

    I leaned out the window, and in the half light the leaves were crimson and yellow, light and fragrant like grapes or poppies.

    And among the tall trees, the monks were in their huts, small,

entre las ramas. El nuestro salía a mirar la lluvia, los relámpagos, a anotar en su Cuaderno del Tiempo, el monje de astas larguísimas y sedosa pelambre.

Y yo volvía al lecho, a dormirme sobre la blanca almohada, a soñar que Mario estaba allí.

Volvía a mi antiguo y escondido mundo en llamas.

22

Dios está aquí.
Dios habla.
A veces en la noche, cuando menos espero, de entre las cosas, sale su cara, su frente, inmensa y diminuta como una estrella. Centelleante y fija.

Hace años que anda por la casa.

Allá en la infancia no me atreví a decirlo a nadie; ni a papá, ni a mamá; era como un cordero, una forma pavorosa, que comía las hierbas, bramaba un poco, topaba la casa.

Una gallina blanca como la muerte,
como la nieve; o negra;
una gallina crucificada con las alas bien abiertas,
y el cuello manando sangre.

Él estuvo presente en la fiesta que dio mi madre —no sé por qué—.

Cuando vinieron todas sus amigas —de collares y coronas— y se sentaron en las habitaciones, y se les servía miel, vino, manzanas, otras confituras, nadie se fijó en un comensal de ojos inmóviles y grises.

Dios vuela un poco;
a veces, cruza volando la noche,
como si fuera a irse.

among the branches. Ours came out to look at the rain, the lightning, to take notes in his Notebook of Time, that monk with his long antlers, his silky tresses.

And I went back to bed, to fall asleep on my white pillow, to dream that Mario was there.

I returned to my ancient, hidden world in flames.

22

God is here.
God is speaking.
Sometimes at night, when I least expect it, his face appears among my things, his forehead tiny and immense as a star. Gleaming and still.

For years he has been moving through the house.

In my childhood I did not dare to say anything to anyone, not to Father, not to Mother; he was like a ram, a dreadful shape that devoured the grass, yelled a little, ran into the house.

A hen white as death,
as snow, or black;
a hen crucified with its wings spread open,
its neck bleeding.

He was present at the party my mother gave—I don't know why—

When all my mother's friends arrived—with necklaces and crowns—and sat down in the rooms, all were served honey, wine, apples, other sweets; no one noticed another guest at the table, his eyes immobile and grey.

God flies a little;
at times, he soars through the night,
as if he were going away.

—Translated by Jeannine Pitas

de Clavel y Tenebrario

82

    Dictaminaron las crucifixiones.
    Una muñeca, la de ojos grandes y pestañas largas, que estaba tiesa en su caja azul. (Pero, —yo decía—, la muñeca se volverá a tejer enseguida);
    una begonia, de arterias granates. (Pero, la begonia resucita desde una sola hoja);
    un gato, ¿cuál? ¿El pequeño, de ojos como de loza que comía carnecita rosada? ¿o el grande, color gris perla, de rostro casi cuadrado, que hacía tantos años que nos acompañaba, y que, a veces, con su mano de felpa entreabría las cazuelas?
    ¿Eligieron el grande porque, ya, había vivido muchos años?
    También, un miembro de la familia.
    Papá, mamá, mi hermana o yo.
    Papá, dijo, enseguida: Yo voy.
    Se hizo un silencio inmenso.
    La muñeca fue hincada en una cruz azul; perdió sus celajes.
    La begonia quedó todo plateada y arrugada.
    El ave—que me olvidé de mencionar—fue clavada por las alas; entreabrió el pico, puso un huevo roto.
    El gato tuvo un rostro casi humano, lloró lágrimas de sangre.
    Se hizo un silencio inmenso.
    Papá, desde la cruz, nos miraba.
    Nosotras lo mirábamos como a través de un vidrio.
    De las nubes blancas caía nieve, soplaba el viento.

97

    Iba entre los árboles; parecía una mañana feliz; venían tantos perfumes como de tantos ramos de flores, era a la aurora.
    Pero, de pronto, vi los huevos recién nacidos, envueltos por un leve tul; desde todos los gajos salían pimpollos negros. Así el mundo se colmaba, otra vez, de crisálidas y presagios. Me dio terror; cerré los ojos; volví a la casa.

from Carnation and Tenebrae

82

    The crucifixions were proclaimed.
    A doll, with huge eyes and long lashes, stiff in her blue box. (But—I kept saying—, it's easy to sew the doll back up again);
    a begonia, with garnet arteries. (But, the begonia can be brought back from just one leaf);
    a cat, which one? The little one, with ceramic-like eyes that ate minced pink meat? Or the big one, the pearly gray one, with an almost square face, who's been our companion for so many years, and who, sometimes, with his felty hand pried open pots and pans?
    Did they choose the big one because he'd already lived so long?
    Also, a family member.
    Dad, mom, my sister or me.
    Dad, said, right away: I will go.
    A boundless silence fell upon us.
    The doll was fixed upon a blue cross; its celestial hues grew dim.
    The begonia became all silvery and wrinkled.
    The bird—that I forgot to mention—was nailed up by its wings; it opened its beak, and laid a broken egg.
    The cat had an almost human face, he shed tears of blood.
    A boundless silence fell upon us.
    Dad, from the cross, looked at us.
    We looked at him as if through glass.
    Snow fell from the white clouds, the wind blew.

97

    I made my way through the trees. It seemed like a happy morning. So many perfumes came forth as if from so many bunches of flowers; it was dawn.
    But, all at once, I saw the just born eggs, enveloped by a thin tulle, black buds emerged from each and every twig. In this way the world was suffused, again, with chrysalises and omens. I was terrified, closed my eyes, and returned to the house.

Mamá, ya había cazado en la pradera; las pequeñísimas vaquitas que se comían vivas; las ató y aderezó; yo almorzaba, lentamente; veía el porvenir, los largos años; la premonición exacta. La huerta me amenazó, se caía sobre mí. El este y el oeste estaban sellados.

Nunca iba a encontrar el norte.

Nunca iba a llegar al sur.

Mom. She'd already caught in the meadow the tiny little cows you'd eat alive. She tied them up and prepared them. I ate lunch, unhurriedly, and saw the future, the drawn-out years, the precise premonition. The orchard threatened me, it came down upon me. The east and west were closed off.

I would never find the north.

I would never reach the south.

—Translated by Anna Deeny

Roberto Echavarren

Lo invisible

¿Ves? ¿Ves tú, por el riel
de tu nombre, de este nombre
que te llamo, invisible?
Dejaste el rastro por que me engaño cierto,
el molde de cerámica rajado,
te escapas a tu invisible particular
rompiendo, caos, la concordia
de las obligaciones, vienes, pasamos
esta tarde juntos por falta de auto y discoteca,
sal en la cabeza, para que no hierva,
tú y yo, vocativo de la voz perdida
en el agujero por donde huiste
tras el trenzado de tus mentiras, la maña
de tus casos concertados,
hongón de mi voz desconcertada.
¿Ves tu invisible? Te llamo
por tu nombre de invisible,
ese crestón me priva
de tu mentira de privado,
de privado de ti. Por el tajo
que hizo mi uña en la manta
te atisbo, te toqué, penetré
el músculo regurgitante una primera vez
que vino y se fue, ibas delante de mí
en la moto que bajaba
agarrado a tu cintura veía el mar como un ojo rocoso,
más vale, me quitaste, al darme
lo que se daba, la paz
que ahora tu cantidad absoluta ensanchó
hasta donde no esperaba,
hasta que pedí basta, la valva de cloaca
hubo de cerrarse, volvió a su medida
apenas entreabierta
pero fuimos y bebimos tres veces.

Roberto Echavarren

The Invisible

See? Do you see, down the rail
of your name, this name
I'm calling you, invisible?
You left me a misleading trail,
a cracked ceramic cast,
and snuck off to your own invisible,
breaking—chaos—the concord
of obligations: you come, we spend
the evening together for lack of car or disco.
Salt on my head, so it won't boil.
You and me, vocative of the voice
I lost, slipping through the hole
where you fled behind a weave of lies,
the cunning of your concerted affairs,
mushroom of my disconcerted call.
See your invisible? I call you
by your invisible name, its crest
deprives me of your private lie, depriving
me of you. Through a gash
my nail ripped in the blanket,
I glimpse you, I touch you, I punctured
the regurgitant muscle a first time
come and gone, you in front
on the motorcycle down
the hill, I hugged your waist
and the sea glinted like a rocky eye,
all the better, your gift stole
my peace of mind, as you
distended to an absolute
breadth I didn't expect, I couldn't
take more, I said enough.
The storm sewer valve
snapped back to size,
just a slit, but we drank three times.

El chorrete ácido me produjo un efecto de chicote
y la tercera fue para cerrar
el intolerable compás de la verija
que me duele por haber cabalgado.
La montura me excedía en brío,
llegamos a los molles y mataojos,
espantamos a los chajás de la cañada,
una ceja de arroyo impenetrable
entre el laurel, los espinillos y coronillas
barbados de líquenes, ¿ves? "El colapso
me hace explotar en todas direcciones,
me aferro a un pedazo que es real para mí,
a saber, mis padres, pero me prohiben que me divierta
porque desean, dicen, asegurar que sobreviva."
Mientras cae el chorro de la cisterna
y chisporrotea la estufa, mis dedos hacen presión
sobre el mantel amarillo. Por suerte te callaste.
Escucho el ruido que viene de atrás de una membrana,
encañonado crujir de la chimenea y el motor del auto.
Vienes del otro lado de la paz que rompiste.
¿Adónde vas? ¿Cuál es tu ley?
"Exploto para todos lados. No hay tema
que no termine en un juicio general,
inoperante en lo que tiene que ver con mi situación.
¿Mi situación? Hasta que no esté muerto nadie podrá decir hasta donde
llegué." La situación
pide un acto, un tejido de mentiras para destruir cualquier atadura.
Sí, me vences por cansancio.
Yo quiero dormir como el gato Garfield.
Tú, en cambio, dormiste hasta las dos de la tarde,
ahora estás insomne a la mayor velocidad.
Cuando prendo la luz, ya te has bañado.
Es inevitable amasarte la espalda
aunque tu mente ya está en otra parte.
Inevitable, mientras dura esta prueba, este mal
sin solución porque no tengo más remedio
que aceptar que lo único insoportable es la vida.
Me derrotaste un año ajedrez,
ahora me derrotaste al ofrecerte.

The acrid squirt gave me whiplash
and the third perfected
the unbearable beat in my crotch
aching from the ride.
The mount exceeded me in brio.
We passed peppertrees and mataojos,
scared off crested streamers in the stream,
the impenetrable arroyo a rim
amid laurel, acacia, and crownvetch
bearded with lichen—see? "Collapse
explodes me in all directions.
I clutch what is real to me,
namely, my parents, but they never let me have fun
because they want, they say, to ensure my survival."
Meanwhile the cistern gushes
and the stove sputters, my fingers prod
the yellow tablecloth. Luckily, you shut up.
Now a purr behind a membrane,
piped rustling of chimney and car engine.
You emerge from behind the peace you broke.
Where are you going? What's your law?
"I explode in all directions. No topic of conversation
fails to end in a sweeping pronouncement,
useless in my situation.
My situation? Until I'm dead no one can say
how far I went." The situation
begs action, lies spun to break all ties.
Yes, you win by attrition.
I want to sleep like Garfield the cat.
You, however, slept until noon
and now are insomnious at full throttle.
When I turn on the light, you've already
bathed. Inevitably, I rub your back,
but your mind is somewhere else.
Throughout the ordeal, this fault
is irreparable. What can I do
but admit that life is what's unbearable.
Last year, you beat me at chess,
now you beat me by conceding.

Tu soberano arbitrio se impuso por etapas
hasta llegar a esta versión del jaque.
De prueba en prueba obtienes
el soberano bien a través de los demás.
Tu desempeño de estrella exige el malgasto.
Causas el mal para crear de la nada.

Ut pictura poesis

Brasil era un torpedo gigante, verde
y varios soldados de la segunda guerra a sus pies.
El Brasil pedorrero de los cuarenta.
Una estampa en un museo. El castigo del negro.
Vista de Petrópolis.
Inglaterra y Francia eran dos canchas de bochas rectangulares,
paralelas, inmediata una a otra
en mi geografía pre escolar.
A través de la ventana flota la diagonal de luz
sobreflota, hace sombra sobre el marco y lo rebasa,
sigue su deriva, no tiene centro pero sí dirección.
El que flota en el río en una piragua,
sin acercarse a ninguna de las dos costas,
sin derrapar, a lo sumo guareciéndose entre juncos;
quien allí esté dispuesto a habitar
viene de reemplazo de ese otro gastado por las estaciones.
Viene a tomar su lugar, o claudica, y se aleja del río,
hasta que el veneno, el alquitrán,
lo queme por dentro.
Pájaro atrapado en el petróleo,
se deja caer, se empantana
el doble que toma el desayuno.
Pero nosotros seguiremos flotando
prendidos a la estructura, que permite derivar
ilusorios efectos de mimesis, de sombra y perspectiva.
Si la luz atraviesa la estructura diagonal

Your supreme whim advanced in stages
to attain this version of checkmate.
From trial to trial you obtain
the utmost good through other people.
Your star performance demands squandering.
You cause harm to create from nothing.

    —*Translated by Román Antopolsky and Michelle Gil-Montero*

Ut pictura poesis

Brazil was a green giant torpedo,
and several World War II soldiers at its feet.
The blowhard Brazil of the forties.
A print in a museum. The negro's corporal punishment.
A view of Petrópolis.
England and France were two rectangular bocce ball courts,
parallel, one next to the other.
Such was my preschool geography.
A diagonal ray of light comes in through the window,
the frame casts a shadow; the light hovers
and moves beyond. It lacks a center
but follows a course, and keeps drifting,
as someone floating on a pirogue on the river
without ever approaching the right or left bank,
without skidding, at most taking shelter by the rushes.
Whoever is willing to dwell there,
arrives as a replacement for the one
worn out by so many seasons.
He comes to take the other's place, backs down
and flees from the river,
until poison tar burns his insides;
a bird trapped in oil, he bogs down—
our double having breakfast.

But we will go on floating onwards
And yet stick to the structure, drawing from it

percibimos su espesor, una escultura que hace sombra,
su gris acero corroído por el sepia del papel
en los bordes, casi amarillo, de cada caja o cápsula
figurada en el panal de la estructura.
Ella flota en el cielo, deriva.
Es la más austera construcción de objeto.
No representa. Construye el objeto
para darle un foco a la mirada.
Construye un objeto sintético,
una cifra del mundo o del universo.
Un más allá de la representación.
Hace pasar lo invisible a lo visible
de un modo severo, tierno y juguetón a la vez.
Es un juguete en un marco arbitrario.
Estos trabajos son delicia del espíritu
a diferencia de las delectaciones de los sentidos
porque uno encuentra allí un trabajo de cálculo,
el apetito de la perfección.

Las manchas detrás de la estructura crean un trasfondo irregular,
casual arena o espesor aleatorio de la materia.
Ese trasfondo también se mueve, pero de un modo diferente,
agua dentro del agua, mientras la guitarra flota horizontal
y sigue su camino entre los camalotes.

Montevideo y un atado de números.
El sol a la izquierda, menos convincente que nunca
en su jeroglífico acuario, red de maromas
y vocabulario, antes imagen que sonido,
antes dibujo que palabra.
El arlequín está detrás de todo, su sombrerete, su pingajo
rojo, y el efecto artista de la geometría de su traje.
Un hombre construido.
Una síntesis geométrica, una propuesta ahora de marco
irregular aunque anguloso
que avanza a paso de hombre, después de todo no se queda quieto.
Es un bailarín, un trombón, un saxo de cobre.
Baila en una jarana de rueda rueda
desde el neoclásico de las bailarinas hasta los trapezoides

mimetic effects of shadow and perspective.
Light goes diagonally through its frame
so we can assess its thickness; a sculpture
casting a shadow, steel-gray corroded,
rust on the edges, almost yellow, each box
or capsule drawn on the structure's honeycomb,
suspended, adrift, in air. It is the most
austere construction of an object.
It does not represent. It builds
a synthetic object in order to focus our gaze.

The invisible becomes visible
in a way at once severe, tender, and playful,
a toy within an arbitrary frame.
Unlike the delectations of the senses,
these are the exhilarations of the spirit;
in them you can detect
a striving for accuracy, a hunger for perfection.

The stains behind the structure
form an irregular pattern. This background
moves also, but moves
at a pace different from the rest,
as a jet of water within water,
as a guitar floats on amid water hyacinths.

Montevideo, and a bundle of numbers.
The sun to the left, less convincing than ever
in its hieroglyphic aquarium, a net betwixt image
and sound, before word.
The harlequin is behind it all, its red
tattered hat, and the artistic effect
of its suit's geometry.
A constructed man.
A geometrical synthesis, an irregular
angular frame, a cutting edge
advances at a man's step
and never quite stops.
He is a dancer, a trombone, a saxophone,

en rueda girando atados por un cable no menos rígido y geométrico.
Y se aquieta y desaparece toda forma androide
para quedarnos en el jardín, el banco, las maderitas pintadas
que un niño ordena y reordena, barras, cuadrados y corbatas.
El trapezoide se dispara hacia la derecha y hacia arriba,
parece tomar alas, o parece el sombrero de un selacio.
La jarra, la fruta, la cafetera azul, nos dejan por aquí,
depositados en el marrón y el negro.
Con eso, ya basta, apenas la tela de un blanco sucio
y los rasguños de un tigre azules y rojos
a la derecha, a modo de rastro de lo que se fue
o inicio de lo que llegará
al rectángulo vacío, claro, disponible.
No traicionaremos su opacidad.
Ante su vacío, una cinta de bronce móvil articulada
imantada por una serpiente, recrea la serpiente,
suspendida en el aire de este cuarto,
brillante por zonas, angulosa en sus quiebres
pero redondeada en su despliegue vertical, lagarto
secreto del trasmundo,
lo más cercano en este mundo,
sube entre vértebras por puntos de incisión
y marca lugares vertebrales para imantar desde allí las apariencias,
convergencia de tejido
hasta que gira casi central el más vivo concentrado pequeño
naranja trapezoidal;
sus partenaires en la ronda son dos marrones pedazos de una vasija rota,
simulacros de la tierra.

Ahora pasamos al espectro de colores.
Están dispuestos en bandas horizontales y verticales.
Las finas barras amarillas viven,
dan el *stimmung* de la hora,
las horizontales verdes, malva y negras
son banderas, lugares,
zonas del campo,
distribuciones del espacio;
una mancha roja vertical, paralela a una amarilla,
completa el diseño suspensivo.

he swirls with classical ballerinas
or whirls trapezoids lassoed by a rigid
geometric wire. After this,
no human form remains,
and we enter a garden, kneel before a bench,
put on it some colored pieces of wood,
such as cubes, bars, and neckties, combining
their forms and contrasting their hues.
A figure, like a hat or a torpedo, slants
toward the upper right corner. It soars up.
And down remain a vase, some fruit, a coffee pot,
which leave us here, stranded in brown and black.

An almost bare white canvas shows
blue and red scratches of a tiger's nail,
extant as it happens, and surrounded
by the opacity and the emptiness of its whereabouts.

A moving bronze ribbon is hanging
from the ceiling high above,
magnetized, as it were, by a snake,
and recreating a snake, shimmering
at broken, angular twists, and pointing
to a secret of the netherworld,
the closest thing of this world
as it goes up through the vertebrae,
the liveliest orange piece of chalk
central from down below.

Let us now proceed
to the spectra of colors, arranged
in horizontal and vertical
yellow strips; they give us *stimmung*.
Green, mauve, and black strips
become flags, squares, countryside.
A vertical white, parallel to a lemon one,
remains suspended, in anticipation
of happiness; that is happiness itself,
taken up by a huge sail to breathe

A veces no nos gustan los colores.
Esos pastel de los cincuenta.
A veces la arquitectura tampoco nos gusta.
La simplificación de los sesenta.
Pero entramos a un velamen
desplegado en el mar y el cielo
de un día gris claro
tijereteado por afiladas cuñas negras.
A veces, las líneas se disponen en desorden,
y se contorsionan, un abstracto concreto,
como si fueran red tape
tras un gran vidrio
o impresas en él del otro lado
a modo de trasparencias.
Ésta es la gran ventana:
se trasparenta una retícula
y detrás de la retícula, reflejada en el vidrio
una armazón, un enredo, parecido a los árboles de la avenida.
Un acercamiento innovador de la fotografía abstracta.

Volvemos a la más árida función diagonal.
Esta función, en una cancha o campo, girante y flotante,
consiste en contraponer un cuadrado dentado
por su lado derecho con otros dos cuadrados menores dentados
por su lado izquierdo a modo de picos de pájaro.
Una lucha eterna.
Una lucha en reposo.
Las caligrafías se vuelven más sutiles
en fondos verde o sepia,
diagonales de líneas no del todo paralelas
cruzadas por otras líneas formando redes;
algunas son de tinta negra,
otras rojas y amarillas, en tensión discontinua,
un ritmo elástico donde entramos a habitar.
Y después se multiplican los efectos ópticos
a modo de *trompe l'oeil* tecnológico.
Los puntos se separan de los puntos,
las huellas de las huellas,
un cambio de piel donde todo es posible

in the sky over the ocean,
writhing, hair laid out disorderly,
looking with slitting eyes
to, say, a concrete abstract.

Sometimes we don't like colors.
Those pastel colors of the fifties.
Sometimes we don't even like architecture.
The simplifications of the sixties.

Stripes of red tape on the other side
of a big glass: this is the window of perception;
a skein of wire against the glass
suggests the branches and leaves
of non existent trees outside, down the avenue.

Let us now return to the most arid
diagonal function. It gyrates
and levitates above a field or lawn,
and juxtaposes two smaller dented squares
looking like bird beaks.
Their fight is unending. A fight in repose.

Calligraphies become subtler
in a background sepia and green,
fine diagonal lines not altogether parallel
crossed by black, red and
yellow lace. This irregular
pattern creates a tension, an elastic rhythm
where we inhabit by now.

Technological *trompe l'oeil* multiply:
dots separate from dots, a change of skin,
a Brownian movement, a random
distribution of little plugs
in basic colors attached to ivory silk
make everything seem possible,
since everything is real, and artificial.
The equipment is introduced,

y todo es realista. O figurado.
Toda apariencia puede ser.
Un movimiento browniano,
una distribución irregular de puntos,
redondos tacos de madera
de colores básicos pegados en flotación horizontal
a una tela amarfilada.

Pero ahora vienen los equipos, esos falsos ojos
de los parlantes y las máquinas que hacen signo.
Por último, bambúes de caña de azúcar
verticales pintados de negro.
Otro geometrismo es el del baile.
O del caracol. El despliegue esferoide de su crecimiento.
Curvas trazadas a compás paraboloide
resumen ese movimiento.
Rejillas, repasadores, barras de colores impresos
en plástico trasparente.
Cosas vistas, que resultan abstractas.
Es otra verosimilitud de la técnica.
Un vértigo, un *maelstrom*, el vórtice cónico
que perfora la tierra, el giro alrededor del agujero.
Ese traspaso, culo o tumba, conmemora la cripta,
composición concreta en negro y blanco.
Los divertículos están pintados sobre una estructura de acero.

Pasemos al otro lado.
Una cortina áurea de muchas cuerdas sintéticas
iluminada desde abajo
es un penetrable. Una doble transparencia recorrida.
Acero, aluminio y blandos caños de plástico a modo
de cortina en profundidad, un pabellón aislado en el parque,
un *tokonoma*, para entrar y escarbar,
para seguir caminando.
Los penetrables neutralizan la figura.
La función de los objetos aquí es teatral.
Porque solicitan la participación del espectador
y son absorbentes; desmaterializan al espectador
que se vuelve uno con la obra.

fake red eyes glowing above loudspeakers,
as they signal; and lastly, tall bamboo sugar
canes in vertical position painted black.

But dance has another geometry.
Or the snail's spheroid growth
curved as a paraboloid
gyrates while remaining immobile.
A vertigo, a maelstrom,
a conic vortex perforates the earth, spiraling
around the hole. This new space, an ass or tomb
or crypt, is a concrete composition
in black and white, with diverticula
painted on the steel grandstand.

Let us now get to the other side,
entering a curtain made of synthetic
golden ropes illuminated from below.
It is a penetrable. A twice traversed transparency.
The installation made of aluminum and limp
plastic reeds, a multilayered curtain, is isolated
as a pavilion in a park, a *tokonoma*,
big or small, a chink on the wall, a basket
now so badly preserved. We do get inside
and continue walking. Penetrables
neutralize human form. The role
of objects here is theatrical. They require
the viewer's participation, and are
absorbent. They dematerialize one
as one merges with the work, a carnivorous
plant fit for art galleries, the
fascinating presence of a pictorial
illusion made real, not apart from the world.
The penetrable is a world, it is
virtually infinite, and can adjust
to any surface, as a glove, elongating itself
on any topography as a topological film.

Una planta carnicera diseñada para las galerías.
La fascinante presencia de una ilusión pictórica
hecha real en el mundo sin estar aparte de él,
el penetrable es virtualmente infinito y puede ajustarse
a cualquier superficie, estirándose sobre cualquier topografía
como una película topológica.
Andando en burro por el valle entro al penetrable.
El penetrable es una sorprendente prótesis artificial
homotópica. Una extensión artificial en la que estamos inmersos
mirando no necesariamente para afuera.
A cierta hora de la tarde, el penetrable filtra el sol diagonal
y el claroscuro del bosque, sus fibras de plástico a modo de un sauce
que tuviera pelo, en vez de ramas, de plástico trasparente,
cordones que desde lo alto se bambolean
un poco con el viento, cabellos recién lavados.
Trabajo óptico visto a distancia,
el penetrable funciona como una máquina de desmaterialización,
absorbe la trasparencia extraordinaria
de los cuerpos que lo han penetrado, anémona con un corazón
verde esmeralda. Como experiencia táctil, funciona a la manera
de una resistencia que no hace obstáculo pero acaricia.
Uno puede soñar en un trabajo que absorba el planeta entero.
¿Quién lo vería desde afuera?
Cualquier estructura cinética es pre-penetrable.
Vibraciones. Y penetrables sonoros.
El plano pictórico se multiplica y desaparece al mismo tiempo.
Las estructuras volumétricas, los paneles de plexiglas,
son virtualmente penetrables.
Recordemos la visión de niños trepando
en la jaula de los monos.

La arpillera, las vetas de la madera,
el cajón de fruta, cajas dentro de cajas,
materiales para tocar, exprimir, secarnos las manos,
¿en esto se ha transformado la geometría?
Esta cocina informal del poste
cuadrado, de madera oscura
horadado de clavos, enredado de alambres,

Riding a donkey down the valley I enter the penetrable.
The penetrable is a surprising homotopic
prosthesis, an artificial extension in which
we are engulfed, not necessarily looking
to the outside. The penetrable filters a diagonal sun
and the wood's chiaroscuro opens up
a set of fibers as a willow growing hair
instead of leaves, made of translucent
plastic ribbons dangling from above,
swaying in the wind, like freshly rinsed hair.
The penetrable works like a dematerializing
machine, absorbing the extraordinary
sheerness of those who enter it.
It is a jellyfish with a green emerald
heart. As a tactile experience, it offers
resistance that caresses rather than
opposes, and you dream of a work
that would absorb the entire world.
Who would see it from the outside?
Any kinetic structure is pre penetrable.
Vibrations. Pungent smells. The pictorial
plane multiplies itself and disappears
simultaneously. A white light
runs through plexiglas panels.
It reminds one of children
climbing on monkey bars.

Burlap, wood grain, a crate of fruit,
boxes within boxes, materials for the touch,
a hand twisting the corner of a pillow,
writhing. What has geometry to do
with this? In this informal
kitchen, a square pillar of dark
wood pierced by nails, surrounded
by gnarled wire, comes in one piece.
It is Summer crucified onto the wood,
a thick upper lip sweating, crucified
among the aroma of pine trees in August.

restos de su anterior función, o agregados por el artista,
crucificado en el tablero todo el humor del verano,
sobre el labio leporino, el grito: cuántos matices en ese grito
de gato, de juego, parte de la diversión,
un cuerpo tan potente, tan de mover la boca...

¿Dónde estábamos?
No estábamos con nadie en ese momento.
Pero igual la música llegaba en tandas de duchas,
¿qué quieres que te diga?
Ya lo dice el beat, ya la voz atraviesa las cuerdas
y se modula en frases de tamborileo,
y esto no lo podemos imitar en pintura.
Salvo sonoridades, vibraciones.
efectos ópticos, crujidos del objeto cinético,
una fábrica interior y transparente,
irradiada de focos internos.
En la psicromía de ese rayado
murciélagos asoman detrás del vallado,
las sombras de Batman con sus capas suspensas,
tan suspensas, tan graves, que aún el silencio no se confundía.
De línea fina, rayado rojo superpuesto a verde,
desviado de su dirección
habitan el agujero negro, la cueva de los murciélagos.
Todo lo que había para ver es el fino decisivo rayo diagonal
y esto es alto de suprema tensión
que nos reúne, llama y concentra.
¿Qué es un objeto activo?
Un campo de amarillo, en el borde una quebrada línea azul,
o el peristilo erguido de una caja de fósforos.
Nos invadió el maíz, un color abstracto y desmedido.
Pero ahora distinguimos blancos de blancos.
El encuentro de dos diferentes blancos ocurre en sordina,
uno teniendo más blancura, y el otro, naturalmente, más opacidad.
La distinción de matices de un único color, saturado de beige y cobre.

Parrillas, postigos, celosías, pueden colocarse en un orden rotativo
como si bailaran. Formas de la piedra y del vidrio verde.
En ese fondo siempre vibratorio

How many hues in a scream
or miaow from a mouth
motion? Let me tell apart whites
from whites, the encounter
of two different hues, one whiter,
the other, naturally, more opaque.
Beige and copper invite us to pass
a finger over a parcel-gilded crest, the thickness
of it, like an upper crust.

Where were we? We weren't
with anyone just then. All the same
the music came as a transport to Summer.
What do you want me to say? The beat
says it. The quivering of optical
effects, a creaking of the kinetic object,
an inner, translucent factory, an iris
diaphragm. In the psychochromatic
streaking, some bats peak out of
a fence. It is Batman suspended,
so suspended, that it cannot
be appended. Grids of fine lines,
departing from their original direction,
enter a black hole of supreme
intensity that calls, unites, and focuses us:
the bat hole. What, then, is an
active object?

        Maize invaded the ground,
this abstract, uncontainable color.
Gridirons, shutters, lattices,
are placed in rotation, some grid
made of green glass, extra fine sticks
laid out like a fence. They approach
in waves, and suddenly every
drawer is open.

        The enthralling
adventure of the real had ended,

se disponen los palillos extrafinos formando un cercado.
Ellos se mueven, se mueve la onda de una líquida flotación,
y parece que se abren todos los cajones.
El paño verde surge de allí
o el cuero para el disán,
las bolsas, los bolsillos, de donde sobresalen trapos:
Uno bordado: "de la adversidad vivimos".
También el extremo de una gorra de baño.
¡*Come!* En los chorros de agua, en las olas de la marejada,
"*I love you*". No significa sino entresaca
un paño para secar los ojos en el *débris* . . .
Todo esto cuelga como un cordaje
enredado de nudos, un semitejido.
Antes de que este paquete se vuelva temperamental
lo cambiamos por un tinglado de varillas metálicas
colgando a la manera de un móvil,
u otras varillas policromas de metal como agujas
se balancean al viento.
Y llega la ambición naranja.

La apasionante aventura de lo real había terminado,
pero siguió ejerciendo influencia de un modo subliminal.
Si uno se limita a ver la cinta de Moebius,
si se aborda tan sólo a través de la visión,
la tira de papel parece tener dos caras.
Pero si se interactúa con ella tocándola y sintiéndola
a lo largo de su ocho
uno se da cuenta de que tiene una cara.
Los distintos significados que la visión y el tacto producen
son análogos a los efectos de dentro y de fuera.
El sonido de triturar cáscaras, el olor del café:
¿podríamos preguntarnos si el silencioso objeto escultórico
conjura tanto poder como las terapias cargadas de estímulos sensoriales?
La obra consiste en una delgada lámina de metal
enrollada sobre sí misma, que produce sensuales curvas,
las cuales resultan aún más atractivas debido al brillo
industrial que emana, induciendo a retorcer
los arcos de metal con las manos.
Vulnerable por todos lados,

but it continued to exert
a subliminal influence. Take
the Moebius strip, for instance:
if you look at it, it has two sides.
But if you interact with it, touching it
and sensing it along its "eight",
you'll notice it has one side only.
The contrasting impressions of vision
and touch evoke the inside of an outside,
the outside of an inside. A crushing of rinds,
the scent of coffee: does the silent sculptural
object conjure up so much power as
sensorial stimulation therapies?
The work consists of a thin metal sheet
curled into itself, producing sensuous curves
made even more attractive by the industrial
sheen emanating from it. It invites you
to bend the metal with your own hands.
The twisted sheet ceases to have
an inside or an outside, one wonders
whether there is a side to which it belongs.
Vulnerable all around, it is a part
that has stopped having
left or right, front or back.
Opting for a three dimensional medium
in order to create those buzzing sounds
in the intersection of lines, even
exposed on a pedestal, it hardly
satisfies the parameters of a sculpture.
It is rather a global sense of rhythm
and harmony. It is an object that sheds light
on the whole of its trajectory. To seduce
a fact and have it become an object,
going through several layers of recognition,
as a pin pierces the cracked bone of the wrist,
and to connect them in a dynamic form:
one should admit a new kind of
superiority in this, without which the world
wouldn't run. Something needs to happen,

es una parte que incluso ha dejado de tener lados,
arriba y abajo, izquierda y derecha, delante y detrás.
La lámina retorcida de metal no sólo plantea
si está dentro o fuera de algo, sino que también empuja a preguntarse
si hay algún lado al que pertenezca.
Optó por un medio tridimensional para crear estos efectos de zumbido
en la intersección de las líneas.
Incluso cuando se expone colocada encima de un pedestal,
difícilmente satisface los parámetros de una escultura.
Es más bien un sentido global de armonía y ritmo.
Un objeto que arroja luz sobre el conjunto de su trayectoria.
Seducir un hecho para que se vuelva un objeto,
atravesando varios estratos de conocimiento
como un alfiler a través del agrietado hueso de la muñeca
y conectándolos en una forma dinámica:
uno debería reconocer un nuevo tipo de superioridad en esto
sin la cual el mundo no funcionaría,
algo debe suceder para que todo no sea desacuerdos
sino sonrisas a la playa, para caer en las manos de uno que nos ama
y que ignora un momento que desaparecemos.
Los pájaros cantan después de la lluvia.
Todo es música, que no decae,
pero fatalmente los alfileres caen,
ni uno ni otro pueden resistir
el llamado diatópico que hace sus demandas
sobre nosotros, sobre la juventud.

so that it's not all disagreements, but
rather smiles to the beach,
in order to fall in the hands
of someone who loves us, and
ignores for a moment that we disappear.
The birds sing after the rain. Everything
is music, which doesn't stop. But
fatally the pins drop, neither can resist
the diatopic call that makes its demands
on us, on youth.

—Translated by Mónica de la Torre and the author

Eduardo Espina

Lo que la página encuentra
(Las frases nunca tienen frío)

Signos que suelen ser del silencio
ceden a lo indeciso unas hipótesis.
Puestos a la par de las apariencias
espías apuran el porvenir venido a
célebres brisas, turban costumbres,
cuerpo para pasar al conocimiento
y uno entre pocos a saberse capaz.
Mira, manca imperfecta por lo que
han sido, borrones, glifos fortuitos.
(Pausa y semanas de prueba pedía
el impío en las linotipias a limpiar
su kif sobre las filas de influencia
sabiendo del haber que le vendría).
Y el significado hecho de pulcros
tamaños, letricas que encarnan el
encarame de algunas cosas, pecas
de conspiración entre el pescuezo
y un as de sol a salvar el albatros.
En la vastedad que las alaba (van
por tal voz) les toca parecerse a lo
que serán: líquidas cuando causan
con la usanza algunas cosas sólidas
muy por encima de las semejanzas
hasta ver en la velocidad lo visible
vibrando y ¡cuánto de veras verán!
Recuerdan que antes tanto fueron,
escritura, trato, caras de monstruo:
son tras lo que serían, maneras por
escapar ahora de la era sin heridas.
Maneras para agrandar las agrestes
regiones que harían de la gramática
con sus gramos camino al mensaje,
atosigan a la ingrata higuera donde

Eduardo Espina

What the Page Finds
(the phrases are never cold)

Signs that tend to be from silence
cede some hypotheses to the indecisive.
Placed on par with appearances
spies hasten the future to come on
famous breezes, baffling habits,
body to pass onward to knowledge
and know oneself to be among the
few who are capable. Look,
imperfectly maimed by what
has been, inkblots, fortuitous glyphs.
(Pause and weeks of trying, asked
the ungodly one in the linotypes to clean
his kif over the lines of influence
knowing the assets he would receive).
And the meaning made of meticulous
sizes, little letters that embody the elevation
of certain things, freckles
of a conspiracy between the neck
and the sun's ace to save the albatross.
In the vastness that praised them (they go
for that voice) it's their turn to look like
what they will be: liquids when with use
they provoke some solid things
way beyond resemblances
until one can see in the velocity the visible
vibrating and how much will they truly see!
Remember that before there were so many,
writing, treatment, faces of monsters:
they exist behind what they would be, ways of
escaping the era unhurt at this time.
Ways of enlarging the rugged
regions that could make out of grammar
with its grams paths to the message,

nada de repente crece más sagrado.
Un higo; la frase dice: hay un higo.
Hay esto, hay campos para un país.
Como la legua venga, sus gauchos
cincharían del poncho al escuchar
chasquidos en aquello atiborrado de
buen verdugo por la oruga derecha,
y en la mano a no ser que sea igual:
con ella empuña, cubre ubres y cría.
Un país que en la página es palabra.
Debió su atisbo de sábana abotonar
el tono viril, la burla en la carabina
cada vez que una res la haría sonar
para hacer del gaucho un sinónimo.
Gauderios o como el río los arrase
raspan en pos del rostro distraído
(res non verba, plus ultra tan útil)
y entre estruendos dentro de atrás
secan la paciencia de los paraísos,
la comba dada al limbo voluntario.
Tiemblan como albas en el balcón
y al viento vienen. Quién lo diría:
salientes se sienten en la realidad.
En el infierno tendrán tanto frío,
en la nieve el habeas del verano.
Resultan fotografías sin historia,
la recta que toca cualquier recato
o candor adorado por encaramar.
Un ave leal, una nación de cielos
leales para ataviar al timbó de los
bosques y la oquedad que debida
iba: por su silencio el ser hablaba
solo, el gato de Angola angora es
al Este tan en lo que suda y queda
pensar que aquí esquilma como la
redonda roncha deshilacha estolas
o testamento, teme todo el tiempo
la condición desconocida de oír ¿o
qué si lo incesante fue casualidad?

they pester the ungrateful fig tree where
nothing more sacred suddenly grows.
A fig; the sentence says: there's a fig.
There is this, there are fields for a country.
As the league appears, its gauchos
would cinch up their ponchos when they hear
snap-clicks in that distant thing jam-packed with a
good executioner along a straight track,
and in the hand, if not exactly the same:
it brandishes, covers udders and breeds.
A country that on the page is word.
Owed its hint of savannah to buttoning up
the virile tone, the mockery in the carbine
each time a cow would cause it to go off
to make the gaucho into a synonym.
Cowboy traits or how the river destroys them
they scrape along in pursuit of the distracted face
(res non verba, plus ultra so useful)
and between roars inside, from behind
they dry up the patience of paradises,
the warp given in the voluntary limbo.
They tremble like daybreaks on the balcony
and come to the wind. Who would say so:
in reality they feel salient.
In the inferno they'll be so cold,
in the snow they'll have the habeas of summer.
They turn out as photographs with no history,
the straight line that touches any modesty
or adored candor through great praise.
A loyal bird, a nation of loyal
skies to dress up the armadillo of the
forests and the hollows which in due course
went: in its silence the being spoke
to itself, the Angora cat from Angola is
to the East as much as in what it sweats
and I can only think that here it steals like the
round rashes unraveling stoles
or testaments, it constantly fears
the unknown condition of hearing.

Decir asombra de más en el ceibal
labrado que la vida abrió torciendo
hacia la tirana cintura con sentidos.
Sombra de abracadabras habrán de
darle alrededor todas las oraciones:
a cuáles de las más bellas en versos
sirven para el oral amor y la muerte.
Con ellas harían lo que nunca llega.
Adivinándolas en dolmen o menos
mal que metáforas y mirada común,
logran a tiempo cautivar la claridad
que diga del comienzo, es perfecto.
Perfecta la voz, la belleza siguiente.

El nihilo
(La nada no sabe por qué)

La lírica del campo une los indicios,
una manera de querencia a querer el
apero del cuerpo pero recién su raza.
Queda como corolario hará un año
el principio perteneciente al paisaje.
No faltará al final dificultad infinita:
la belleza vendrá con cedros, cederá
antes que venga la garúa al urunday.
Hacia la excesiva inmortalidad de la
salamandra rueda natural, en cenizas
nace y asola la raya lacia del enigma.
Qué podría darse sino nombre antes
de melampos, de muestra de afectos
con ínfima mano siguiendo de largo.
Y duran lo que un lirio aún reunido,
lo que el aura oiría para que fuera él.
Lleva una vida su duración al jardín,
al ojal en las lilas sale seguidamente,

Or did the incessant happen by chance?
To say it amazes more in the silk-cotton tree
carved so that life opened up twisting
with meanings towards the tyrannical.
All the declamations will have to give
surrounding shadow of abracadabras:
of which the most beautiful in verse
serve for oral love and death.
With these they'll do what will never come.
Guessing them in the form of a dolmen
or at least metaphors and ordinary gazes,
they manage in time to captivate the clarity
the one that says from the beginning, it's perfect.
Perfect the voice, the beauty that follows.

El nihilo
(The nothing knows not be cause)

The country lyric unifies signs,
an admiring way of loving the
body's harness, but recently its race.
It's a kind of corollary it will be a year
the pertaining principles to the panorama.
In the end there will be no lack of infinite difficulty:
beauty will come with cedars, will cede
before the drizzle drips on the urunday.
Towards the salamander's excessive
immortality it rolls, natural; in ashes it is born
and destroys the line limp with enigma.
What could it yield but a name
before Melampus, a sign of affection
from an abject passing hand.
And they last as long as an iris gathered
what the aura would hear for it to be him.
Its duration in the garden lasts a lifetime,
then leaves through the buttonhole in the lilies,

salva la voz por el bosque la quietud
de quienes mal se atreven a seguirla.
Será esa la inmensidad ¿de lo izado,
el intervalo del sabor en la bandera
donde tal viento iba también a ver?
Claro el clima a un costado al cabo
alababa la vaca con lado inefable y
tú, tema de mater aterida entrando
a los misterios que la muerte teme
hasta donde pudo ser hacia delante.
Un ojo que podría haber sido hace
las paces, siente al iris con erizarlo,
rozando erraba al Sur nunca sabido.
Pero no todo fue tanto ni por otear
al atardecer mientras la trilla venía
enviando al país apilado, a la moza
que mal se asoma a la invisibilidad.
Va la ocarina al castor en esta causa,
alcanza el comienzo del cielo donde
falte acaso la boda al bosque debida
y de ida debía venir la vida dormida.
Hace rato que Occidente está quieto,
hace más de un sábado hizo un mes.
Trayendo edades diferentes, el reloj
regaña la blanca arenga por la cama,
junto al frijol, juntos, el general y la
gema: nadie intrigado para tratarlos.
Celajes, comisuras, unos con horas:
no decir nada, dejar la lengua vacía.
Por aquí el apero pende del empeño.
El silencio hace al azar a lo lejos, la
inexistencia de todas las otras cosas.

rescues the voice in the forest the stillness
of those who dare to follow it.
Is this the immensity, the raised banner
the interval of flavor in the flag
where the wind also went in order to see?
Clearly the climate on one side when all is said and done
commends the cow with the ineffable side and
you, afraid of dura mater entering
the mysteries that death fears
up to the point where it
could be toward the front.
An eye that could have existed
reconciles, senses the iris, bristling, brushing past
mistakenly brushing up against the never-known South.
But it wasn't all that bad not even upon
inspection at sun set as the threshing began
sending the piled up country to the lass
looking lame in her invisibility.
In this trial the ocarina goes to the beaver,
reaching the beginning of sky where
the wedding due the woods may be missing
because on her way the life of sleep should come.
It's been awhile since the Occident was inactive,
it's been more than one Saturday it was a month.
Containing different eras, the clock
castigates the white harangue for the bed,
together with the bean, together the general and the
gem: nobody intrigued enough to try them.
Light clouds, lip corners, some with hours:
don't say a thing, drain your tongue.
Around here the harness depends on the effort.
The silence creates chance from a distance, the
inexistence of all the other things.

Culpa el tiempo a las catedrales
(Un factor vulnerable a los demás)

A la alta tiara de aire entre trinos
de ida a la idea dividida del cielo
o sería mejor suponerlo según es
hacia lo que está ahí guiando con
candor de adorno cedido de día a
la invisibilidad sin salvar al habla
habitual cuando no ni ya vacía va
a la mantis por tan nómade mapa
donde la más veloz mente avanza
colmada de lo mismo que al mirar
asoma, y por dar sombra amanece.

La niebla habla del caballo
(Lo inconmensurable quiere siempre ganar)

La noción de alazán sana con astro lacio.
Parte de una cría contra la colina quiere
que su herrar sea con suerte hace un año.
Largo cabalga, balbucea nomenclaturas.
En otra época apodos y pocas palabras,
la pelambre para el vaquero establecida.
Prosodia dada a durar, su ilusión de ser,
acercó el estiércol a la planicie alicaída,
cadencia esa la de los saltos desiguales.
Del silencio soltó acechado el relincho,
resabios usables hizo salir por el limbo
umbilical al liquidar cautivo sus cuitas
y en unas cuantas a nacer cuando sería.
En Bizancio sintió un siglo de sintaxis,
pulso de espuelas que le vino a quedar.
Y hoy, pasando en limpio por la pausa
la estampida pide a los pájaros permiso,
aprende a desenredar al río hiriéndolo,
río a ratos atraído a los rotos camalotes.

Blame Time on the Cathedrals
(A vulnerable factor for everyone else)

To the tall tiara of air between trills
toward the idea divided from the sky
or would it be better to assume it as it is
in the direction of what is there, guiding with
ornamented candor ceded by day to
invisibility without saving habitual
speech when no nor yet empty, it moves
to the mantis on such nomadic map
where the fastest mind advances
full of the same that appears to the
gaze, and by making shadow, awakens.

The Fog Discusses the Horse
(The incommensurable always wants to win)

The notion of the sorrel horse heals with a languid star.
Part of a breed against the knoll has wanted
for its branding to be lucky for a year.
Long ride, babbling nomenclatures.
In another era nicknames and few words
established the mane for the cowboy.
Prosody given to endure, its illusion of existing,
moved the manure closer to the feeble plain,
that cadence of the unequal leaps.
From the silence a whinny broke loose,
expelled useful aftertastes through umbilical
limbo as it dissolves its troubles, captive, to be born
into so many of them when it would.
In Byzantium it sensed a century of syntax,
the pulse of spurs that came to it to stay.
And today, passing cleanly through the pause
the stampede asks permission of the birds,
learns to untangle the wounding river,
a river attracted at times to torn camalotes.

(Él) sin él, solo como alerzal superlativo.
El y lo que es (esloras de ellos) blasón
para plegarse al terraplén preguntando.
Por el litoral, la trémula luna alumbra
brutal por tener tiempo: nadie rodea la
odisea sudada, el redor contra la greda
ingrata, la grama de menos y hasta más
amando con muchos, tantos que ya son,
no se hablan, libres van al verbo blandir
viendo endurecer a la dulzura, tiemblan
de invisibilidad abundante para el árbol
del tabú donde la voluntad ambicionara
la brega que por lo general los agiganta.
A la hora de los halos lo aéreo desearían,
ser aire ahora de orioles en el algarrobo.
Podrían hacer un gesto, cambiar de sitio
que sería un pensamiento o empecinarse
como una mente entre la monta y el amo.
Pero es el mundo para lo que han venido:
estar en la llanura será su forma de callar,
de hallar la yegua del hoyo en algún bayo,
pues verdad de la piedra fue oír su drama,
atravesar la cerrazón aunque a todo traiga
mientras tras el trébol la vitrina simbólica
volvió para ponerle peros a la intemperie,
tuvo al viento por uno de ambos, después
de todo verano era y vaga el asno nativo.
Uno aún pero más la tarde lo haría legión
de imagen mejor que Lope respondiendo
con la lluvia aunque llueva mansamente.
La mosca (niebla, no habla) y la morada
amarilla de los limoneros lo esmeran de
tal manera que hasta el mar inamovible
empieza a perder el pelo, la crin licuada.
Aquí, o quizás, depende de las palabras.
Aquí para colmo de la visión que lo vio
dibujado, es del deseo el uncido venero.

(He) without himself, like a superlative larch grove.
He and what he is (the length of them) a blazon
to yield to the embankment.
Along the coast, the quivering moon casts its light
with brutality because it has time: no one circles the
sweaty odyssey, the round against the ungrateful
clay, the lawn less and even more
loving with many, as many as they now are,
they don't speak, they go free to the verb brandish
seeing it stiffen the sweetness, they tremble
in abundant invisibility for the taboo
tree, where determination aspired to the struggle
to the struggle that generally made them gigantic.
At the hour of the halos they'll desire that which is aerial,
desire now to be the orioles' air in the carob tree.
They could make a gesture, change locations
which would be a thought or insisting stubbornly
like a mind between the mount and master.
But it's the world for which they've come:
to be in the plains would be their mode of not speaking,
of finding the mare at the dip of some bay,
thus the truth of the stone was hearing its drama,
to cross through the storm though it bring it all
while behind the clover the symbolic display case
returned to make objections in the open air,
it had the wind for one or both, after
the native donkey was and roamed all summer.
One yet but after more the evening would make legion
with a better image than Lope responding
with rain though the rain may be light.
The fly (fog, it doesn't speak) and the yellow
home of the lemon trees that look after it so that
even the immovable sea
starts to lose its strands, the melted mane.
Here, or maybe, it depends on the words.
Here to fulfill the vision that saw it
drawn, its from desire the yoked veneration.

Lo mejor de Magallanes
(Un poema estrecho)

Parecidas a lo que sabría ser
la salida del sol a destiempo,
las crónicas daban cuenta al
encontrar otra trama dentro
de sirenas sin ser parecidas,
a qué, ¿al cielo, a la luz del
mundo en el día, pero cuál?
Un universo venía ahí a oír,
tenía su habitante el destino
de un tiempo extraordinario.
Con halo de haberlo sabido,
en vano veía bien al viento
bailando La Bamba a viva
voz como vals o bálsamo
a seguir a las horas bellas.
Dejadas a su suerte serían
bellezas para hacer mejor
a la mirada de tal manera
entre la marea y el aroma,
entre la pleamar y el afán
de los perfumes, cada mes.
Aquel hombre dado a vivir
al alba por la brisa en babia
vino a nombrar con tal brio
la manera de mirar en más
de una forma al rey Momo.
Bellezas, zas, ¡qué zángano
a darse en celos por vencido
con la flor aunque no fuera!
Así le iba abatatado en bote.
Encima de la mar respiraba
al abalanzarse por dar en el
clavo del desconocimiento:
para la cifra con mascarilla
otra orilla querría descifrar.
Paisajes de cielos ausentes,

The Best of Magellan
(A strait poem)

Similar to what he would know to be
the sun's untimely appearance,
the chronicles gave an account
of finding another plot inside
the sirens that were not similar,
to what? the sky? to the light of
the earth in the day? but which one?
A universe comes there to hear,
having destiny as its inhabitant
of an extraordinary time.
With the halo of having known,
in vein that he could clearly see the wind
dancing La Bamba in a vibrant
voice like a waltz or a balsam
to pass the beautiful hours.
Left to their own devices, they'd be
beauties to better
the view so that
between the tide and the aroma
between the high tide and the energy
from the perfumes, every month.
That man given to living at dawn
on the breeze in the clouds
came to articulate, with such spirit
the way to watch King Momo
in more than one manner.
Beauties, bang, what a schmuck
to give in to jealousy to the flower
even if it didn't exist.
Which is how he took off, frightened, in his boat.
Over the sea he breathed
as he rushed towards the
pain of all ignorance:
in the half-masked cipher he wanted
to make sense of another shore.
Landscapes of absent skies

paisajes apenas empezando
con los zancos del carabón.
Una altura para los tesoros,
mientras un austro extraño
añoraba la bañera invitada
en bien de la inmovilidad
a medias cada vez menos
y amanecida por la mitad.
Bajo tales leyes del brillo
el ayer haciéndose llamar,
la era manchada de arena.
El aura parecida al dinero.
A su plan el sol se agrega.
El azul no falta, el celeste
del Sur cambia para sí de
cetro que a través vio otro,
y así, hasta inventar el aire.
Tras los días de tranquera
en su quimera por la guita
guiaba al alba la vaguedad
del ojo habitado por debajo,
llegaba la lluvia, el báyamo
hallaba maneras de tararear
para poder decir yo vi, y fui.
El mundo entraba al verano
mientras ocurría la realidad.
Escenas del ser a estar cerca,
días para quedarse cada uno:
salvaban al bien las briznas,
la luz al pelo perpendicular.
Tal la idea dividida, la vida:
corría a ras sin arrepentirse,
era pensamiento de repente,
y aquel grito, ay, ¡qué grito!
Algo había sido descubierto,
algo o lugar da ya lo mismo.
¿Y? Claro, luego nada debió
decirle a la lluvia del viernes.
Las horas se iban no venían,

landscapes barely beginning
with the stilts of the snark.
A height for the treasures,
as a strange southern wind
yearned for the bath invited
for the good of immobility
by halves each time less
and awakened by an equal part.
Under certain laws of brilliance
the yesterday making itself beckon,
the era stained with sand.
The aura similar to money.
The sun attaches itself to its plan.
There's no shortage of blue, the sky blue
of the South changes to become a
scepter through which he saw another,
and so on, until the air was invented.
After the days gated
into their chimera by the cash
steering to the dawn the inconsistency
of the eye living beneath,
the rain would come, the bayamo
finding ways to hum
in order to say that I saw, I went.
The world entered summer
as reality was taking place.
Scenes of being to be close,
days for each one to remain:
they saved scraps to the good,
the light on the perpendicular hair.
Such is the divided idea, life:
it ran level without regret,
it was suddenly a thought,
and that scream, whoa, that scream!
Something had been discovered,
some thing or place it's all the same.
And, of course nothing should have
been said to Friday's rain.
The hours went, they did not come,

también el viento, la vision
del silencio en algo reciente.
Y al tiempo, ¿qué, pregunta,
hacerle para que deje de ser?
La luna no lo explica, el clan
del cormorán haría añadir al
ñandú adulto jugando al ludo.
Sobre sus alas, la ola escribe
abriendo la duración al cielo.
Sería el árido mar la sintaxis,
el oro para que ninguno ore
natural encima del más allá
pero acá —donde estaban— la
verdad tuvo ganas de venir
en bicicleta al cálido clima,
uno así pero a menos precio.
Era para el orbe visto esa vez,
laberinto de tiempo detenido
en vocablos como charque,
chinchulín, chancleta chica
por aquí y allí cuanto tirita,
bicho, carpincho, piripicho,
digo más, chifle, cachimba,
palabras que han encausado
hasta ser en secreto criadas.
Va cansado a conseguirlas.
Oh lo inusual del universo
a babor del contemplante:
había llegado tan lejos,
que al mirar para atrás
vio el horizonte
un día después.

also the wind, the vision
of silence in something recent.
As for time, he asks, what does one do
to end its existence?
The moon does not explain it, the
cormorant clan would add the
adult ostrich tossing dice.
On its wings, the wave writes
opening the length of the sky.
Syntax would be the arid sea,
the ore so that no one orates
native above the afterworld
but here—where they were—the
truth had the urge to come
on a bike to the ardent atmosphere,
one like that but at a lower price.
It was seen out in the world that time,
labyrinth of time detained
in words like beef jerky,
entrails, simple slippers
how it shivers here and there,
creature, capybara, baby penis,
plus peep, pipe, terms
put so much on trial
they're raised in secret.
Tired, he goes to get them.
Oh the unusual thing in the universe
off the observer's port:
having gone so far,
that as he looked behind
he saw the horizon
a day later.

—Translated by Daniel Borzutzky

Gustavo Espinosa

Tratado de los hombres solos

Las últimas semanas,
los jueves del tamaño de la Era Cuaternaria,
he ido sobreviviendo y escuchando la radio
como los hombres solos:
he sido un hombre solo.
Pero no estoy hablando
del monomio o androide de la industria francesa
del entretenimiento
(el complicado autómata
del que solo nos quedan unas pocas películas
blanco y negro en las cuales
se inventaba a sí mismo
entre humo de gauloises y náuseas cenagosas).
Tampoco hablo del alien que salió como un cohete
a propulsión de angst
de adentro de la giba congelada de Kierkegaard.
Hablo de los hombres perdidos en sus piezas cuadradas
como en un laberinto;
hablo de enmarañados en abstrusas quinielas,
en formas de un trasmundo
sin forma (Alberto Spencer, Miss Siete Días, San Jorge);
de aquellos que miraban
a través de los vidrios muertos de su ventana,
las torpes traslaciones y máquinas del mundo
(los sulkis, los entierros, el Camión Inglés Leyland).
Hablo de alguien varado
junto a una radio a lámparas parecida a un velorio
que solo emitía tangos sobre tuberculosas;
hablo de hombres fumando sentados a la orilla
de antiguas palanganas
en sus habitaciones repletas de un ropero.
Nombro a Pedro Moreno, cuya única alegría
era un pobre silbido
de esqueleto de pájaro,

Gustavo Espinosa

Men Alone

The last few weeks,
with Thursdays as long as the Quaternary Period,
I have gone on living and listening to the radio
like men who are alone
because I have been a man alone.
But I'm not talking
about a monomial or the android of the French
entertainment industry
(the complicated automaton
that survives in only a few
black and white movies
in which it created itself
between bouts of nausea and the smoke of Gauloises).
And I'm not talking about the alien that shot up like a rocket
propelled by angst
from inside the frozen hump on Kierkegaard's back.
I'm talking about men who are lost between the four walls of their rooms
as if in a labyrinth;
I'm talking about people tangled up in an inscrutable game of chance
that takes the form of a secret world
without form (Alberto Spencer, Miss Argentina, Saint George);
about those who regarded
through the dark glass of their windows
the clumsy movements and machines of the world
(sulkies, funeral processions, Leyland trucks).
I'm talking about someone stranded
beside a tube radio that looked like a wake
and only played tangos over the sound of tubercular coughing;
I'm talking about men sitting and smoking
at the rim of ancient washbasins
in their rooms almost filled by one dresser.
I'm talking about Pedro Moreno, whose only joy in life
was a home-made whistle
made of a bird bone,

cuya única pompa fue el Packard de las pompas
—cargado de abalorios como un gran pastel
negro—
en que fueron sus huesos
como en un transatlántico
(debajo de su cama había como un tumulto
lleno de pesadillas, de patas de gallinas,
restos de yerba mate, espectros de mujeres,
y había una escupidera con forma de sombrero).
Nombro a Rosendo Luna, o sea Martín Llano;
hablo de su chalina, su corbata de lazo,
su treponema pallidum,
de su desodorante Palmolive de Luxe,
del anillo y la uña (flores de su meñique).
Y nombro al peluquero cuya nariz azul
—boniato rutilante hecho por la cirrosis—
reinaba tras los biombos de nailon que ponían
sus colores de loro
entre el mundo infeccioso de su cama de fierro
y aquel gran sillón blanco
con letras alemanas
como un resplandeciente hospital wagneriano.

No hablo de Søren Kierkegaard.
Vuelvo a Pedro Moreno:
una tarde cualquiera (vulgar y luminosa
como una gran sandía) sonrió al pasar a un niño
sin saber que le estaba dando la bienvenida.

Diatriba del poeta pobre

Cuando Pablo Neruda corrigió las galeras
de su Oda a la pobreza,
ya era inflado y lujoso como un globo aerostático:
un poeta parecido al tapir o a la luna
que ya había obstruido
cañerías laberínticas

whose only pretension was the Packard hearse
—covered with cheap decorations like a huge
black cake—
that carried away his corpse
like an ocean liner
(under his bed there was a riot
of nightmares, chicken feet,
dregs of yerba mate, ghosts of women,
and a cuspidor in the shape of a hat).
I'm talking about Rosendo Luna, also known as Martín Llano;
I'm talking about his cravat, his bowtie,
his Treponema pallidum,
his Palmolive Deluxe deodorant,
his ring and his nail (the flower of his little finger).
And I'm talking about the barber whose blue nose
—a gleaming sweet potato grown by cirrhosis—
reigned behind the nylon screens that put
their parrot-like colors
between the infectious world of his steel bed
and that enormous white chair
bearing German letters
like a resplendent Wagnerian hospital.

I'm still not talking about Søren Kierkegaard.
Let me return to Pedro Moreno:
on an ordinary evening (as banal and bright
as a large watermelon) he smiled as he walked past a child
without knowing he was saying *welcome*.

Diatribe of the Poor Poet

When Pablo Neruda corrected the proofs
to his Ode to Poverty,
he was already as big and fancy as a hot air balloon:
a poet resembling a tapir or the moon
who had clogged up
labyrinthine sewer pipes

de lentos transatlánticos, pagodas y embajadas,
con cagadas pomposas
(fabricaba fantásticos pasteles el poeta
con peces o con frutos de Rangún o de India
o con caviar birlado al bigote de Stalin).
Cuando el mismo Neruda
dijo que estaba en contra de las aristocracias,
de la tuberculosis en los picapedreros,
de la nariz de Nixon,
su vulcanología de pedos polifónicos
detonados mediante champán y madreperlas
ya había marchitado
corolas de sombreros, alas de fracs vultúridos
y narices de cónsules.
¡Viva Pablo Neruda!

Quien esto escribe, en cambio,
atesta con dentales su inédita diatriba
asistido por todas las tubas de su estómago
y por radios que cantan
sus alegres teoremas a favor de la pepsi.
Este poeta está siendo
acechado por flacos lavatorios de fierro
en piezas que se alquilan
solamente a suicidas o a mujeres que juran
no volver a ovular.
Este mismo poeta
que ha masticado oscuros objetos del infierno
—carne de perro muerto y plástico revuelto—
llora frente al vacío de las ensaladeras,
frente a un deslumbramiento de tomates perdidos,
y eructa una penumbra
de papas sin sentido.

Y este mismo poeta, junto a los habitantes
De algún Pirarajá o Kabul de la mente,
junto a otros para quienes
Ferlinghetti es el nombre de un auto supersónico
(o sería Lamborghini, o tal vez Alighieri),

in ocean liners, pagodas and embassies
with pompous defecations
(the great poet used to fabricate fantastic turnovers
with fish and fruit from Rangoon and India
or caviar picked out of Stalin's mustache).
When this very same Neruda
declared his stance against the aristocracy,
the exploitation of miners,
and Nixon's nose,
the eruption of his polyphonic farts—
released in a room filled with champagne and mother or pearl—
had already wrecked
garden party hats, black-tie vultures,
and the noses of consuls.
Viva Pablo Neruda!

The author of this poem, on the other hand,
gums out his unpublished diatribes through dentures
with the help of his gastrointestinal tubes
and radios that sing
cheerful theorems in favor of Pepsi.
This poet is being stalked
by metal washbasins
in hotel rooms used only
for suicides or by women who have permanently sworn off
ovulation.
This very same poet
who has swallowed dark objects from hell
—dog meat and plastic waste—
weeps when faced with the emptiness of salad bowls,
or the revelation of rotten tomatoes,
and belches out dark clouds
of potatoes that have no meaning.

And this very same poet, living among the inhabitants
of a Pirarajá of Kabul of the mind,
surrounded by people for whom
Ferlinghetti is the name of a fast car
(is it a Lamborghini? or even an Alighieri?),

farfulla el jingle inmundo
del vacío. Se aturde
ante la muchedumbre de todo lo que falta:
el desierto de cielo y mar en las ventanas,
la fuga de ventanas
(lo que es decir paredes ciegas y cascarudas),
la huida del calor, el pimentón, o el hielo,
cuando no es que lo asedian
materia conjurada, artilugios traidores:
cacerolas convexas y quirófanos negros.
Luego:
sabe el poeta que una gallina arpía
del tamaño de un boeing
desprogramó la trama tremenda de la Eneida,
la transmutó en naufragio de las declinaciones,
que estableció su podre, su mina de parálisis,
su huevo miserable
dentro de la alegría:
piénsese en Maiakovski, la nube en pantalones,
o el pobre Roque Dalton;
o recuérdese a Góngora,
el cura alucinógeno,
entubado en sotanas torvas y culteranas
bajo el verano atómico del siglo diecisiete.

Es el poeta pobre
el mutante que ambula en un supermercado
fantasma ("Viuda e hijos de Gutemberga & Co.")
porno y superpoblado como un sueño del Papa;
es la vieja que traga
teleteatros vencidos
coprotagonizados por galanes de Marte,
y, como ella, merece
morir bajo el tamaño del elefante negro
de Quinto Horacio Flaco.

mutters out the sordid jingle
of the void. He is dumbfounded
by the throng of things that are missing:
the sky and the sea in his windows,
and even the windows themselves
(there are only blank walls),
the dearth of heat, paprika, or ice,
because it's not conjured objects or treasonous machines
that haunt him, but empty soup pans and dark operating rooms.
Later on,
the poet learns that a chicken
the size of a Boeing
deprogrammed the tremendous text of the Aeneid,
turned it into a disaster of declensions,
and dropped its excretions, a black hole of paralysis,
its miserable egg
inside happiness:
think of Mayakovsky, the cloud in trousers,
or poor Roque Dalton;
or even Góngora,
the hallucinogenic priest,
intubated in grim, baroque cassocks
during the nuclear winter that was the seventeenth century.

The poor poet
is the mutant who wanders through ghostly
supermarkets ("Gutenberg's")
that are as pornographic and overcrowded as the dreams of a pope;
he is the old lady who feeds on
soap opera reruns
starring heartthrobs,
and like that old lady, the poor poet deserves
to die smaller than the black elephant
of Quintus Horatius Flaccus.

Contra la deserción de los artefactos

En estos gallineros o arrabales sin forma
del Sur de Ciudad Gótica,
en las tripas del Hombre se enfría el alcohol de primus.
Las bicicletas siempre son abstrusas y crueles
cosas impracticables
—estantiguas atadas con pedazos de cuero—
que hacen llorar los niños.
Ingenios de genética negra injertan los chips
de la gula del tigre
dentro de los bebés,
y ellos vienen al mundo munidos de una hambruna
barroca: comen rosas o neumáticos viejos.

En estas periferias
los autos tienen nombres canallescos y obscenos
que las muchachas odian:
Vauxhall, Pontiac, Škoda,
Plymouths con alas negras de vampiro o de buitre,
Buicks solemnes e inútiles,
autos sacramentales.
Por culpa de unas turbias criaturas virtuales
que nadie ha visto nunca,
pero que algunos nombran con horribles acrónimos,
se llenan de entropía todos los artefactos,
desde los más complejos
(los aviones a hélice, el punto, las doctrinas),
hasta los más sencillos:
una fiebre de aristas amenaza la esfera:
las sillas han perdido su antigua perfección
y tienen cinco patas o son sillas eléctricas;
los guisos son pociones fortuitas, sin idea,
sin geometría del guiso;
la rueda es inmoral o es ininteligible.
Una desaforada menopausia ha apagado
los dioses y los cines
(y aún otras invenciones más preciosas y hermosas,
verbi gratia: los cantos de Ezra Pound son tenidos

Against the Desertion of Artifacts

In the formless shacks and slums
that lie South of Gotham City,
Primus fuel cools inside the guts of Man.
Bicycles are always abstruse, cruel,
and impractical things
—ghosts tied down with leather straps—
that make children cry.
Ingenious minds of dark genetics implant chips
with the gluttony of tigers
into babies,
so they enter the world equipped with
a baroque hunger: they eat flowers or used tires.

In these peripheries
cars have vulgar and obscene names
that girls hate:
Vauxhall, Pontiac, Škoda,
Plymouths with black wings like vampires or vultures,
solemn and useless Buicks,
sacramental autos.
Thanks to a few shadowy virtual creatures
that no one has ever seen,
but that have horrifying acronyms,
the artifacts all exhibit entropy,
from the most complicated
(propeller planes, the period, doctrines),
to the simplest:
a frenzy of angles threatens the sphere;
chairs have lost their purity
and stand on five legs or are electric chairs;
stews are random potions without ideas
or geometry;
and the wheel is immoral or unintelligible.
A devastating menopause has brought an end
to gods and movie theaters
(and a few other inventions even more precious and beautiful,
e.g., the Cantos of Ezra Pound are carried

por diarios de anteayer,
por lo que son usados para envolver estómagos
o cerebros de vaca
en las carnicerías).
El programa podrido
de los dioses ociosos mayores y menores,
en la entraña electrónica de los hipermercados
invisibles deriva,
caga niebla en los labios
(mayores y menores) de las misses en flor,
larvas de anacronía en un tiempo medido
por relojes de oro traídos del Paraguay.
En este imperdonable ganglio de California
o sótano de sótanos
donde se atrofia el software frío del Megalópolis,
las uvas no funcionan y todas las ventanas
tienen vista a Calcuta.

Catilinaria pronunciada en el Comedor Municipal de Cerro Chato

Oh tú, feto viejísimo,
metido en sobretodos donados por monjas;
perdido en los poliedros
ácidos del insomnio
como en un conventillo que rige el Sr. K.;
en piezas de pensión
donde ora una cotorra prosternada ante fotos
de Sandro y de Wojtyła;
molido hasta las muelas,
como por harapientas arpías infrarrojas,
como por dos orgasmos de metanfetamina,
por Resaca y por Frío.
¿Quo usque tandem, gárgola,
has de morder el vino más barato del mundo?
¿Hasta cuándo, infelice, estarás esperando

in old newspapers,
the same ones used to wrap stomachs
or cow's brain
in butcher shops).
The whole rotten program
of the major and minor idle gods
originates in the electronic entrails of invisible
megastores,
and shits clouds of fog
onto the (major and minor) labia of virgins,
the larvae of anachronism in a time measured
by gold watches bought in Paraguay.
Here in this unpardonable ganglion of California,
or the basement of basements
where the cold software of the Megalopolis atrophies,
the grapes don't work and all the windows
have a view of Calcutta.

Catiline Oration Delivered in the Municipal Dining Room in Cerro Chato

Oh, ancient fetus,
stuffed into overcoats donated by nuns;
lost in the acidic
polyhedrons of insomnia
as if in a tenement ruled by Mr. K.;
in cheap hotel rooms
where a prostrate parrot prays before photos
of Sandro and Wojtyła;
worn down to the bone
as if by infrared harpies in rags,
by multiple methamphetamine orgasms,
or by Hangovers and The Cold.
Quo usque tandem, old man?
How long will you drink the cheapest wine on earth?
How long will you stand, wretched man,

en el medio del hall,
bajo la lamparilla prendida a mediodía
(la lamparilla idiota de 25 watts,
la tara atornillada a la mente de un loco)
que el hombre de los tiques deletree su historieta
para darte tu jarro de arroces y almorrana?

En este restaurante con paredes de estómago
donde cuelga el aroma
del emputecimiento del agua y el aceite
para nada te sirven tus viejas traducciones
de Cornelio Nepote,
tu cabeza global, tu horrible luna
(luna inútil, lunática),
tu esférica pirámide
de Egipto, doce tribus
de tropos, tu epidemia
de epistemes, de citas.
Para nada te sirve tu cabeza de octava
real, bajo la lámpara como foco epiléptico
que mata el mediodía,
que apaga una dramática de ágape y de autopsia
y enciende amarillentos crepúsculos de escrófula.
Allí un cafisho viudo
—negro traje cariado,
el anillo alumbrando como una flor carnívora—
bebe su leche tibia en un vaso de plástico.
Entonces, hasta cuándo
estarás abusando de tu propia paciencia,
tragando salsa falsa,
viendo cómo la traga la señora de enfrente
por uno de los huecos negros que hay en su cara;
viendo luchar un niño
contra un bofe incoloro;
oyendo teogonías
—que alitera a tu lado un viejo con sombrero—
sobre caballos muertos en estancias extrañas
y enormes como Asia,
sobre calcomanías de Aparicio Saravia

in the middle of the hall, still hoping,
under a bulb burning in daylight
(the idiotic 25 watt bulb,
the food scale attached to a maniac's mind)
that the cashier will spell out his story
and give you your can of rice and hemorrhoids?

In this restaurant that has stomachs for walls
and suffocates in the smell
of prostituted grease and water
you can't be helped
by your old translations of Cornelius Nepos
or your global head, your horrible moon
(useless, lunatic moon),
your spherical Egyptian
pyramids, the twelve tribes
of tropes, or your epidemic
of epistemes and citations.
You can't be helped by your head full of
ottava rima, under the lamp that, like an epileptic bulb,
kills the daylight,
and extinguishes a drama of agape and autopsies
and inflames sallow tubercular twilights.
There a lonely pimp
—rotting black suit,
his ring shining like a carnivorous flower—
drinks tepid milk from a plastic cup.
How long, then,
will you try your own patience,
downing false sauces
and watching the lady at the front do the same
through one of the many black holes on her face;
watching a child struggle
against a colorless lung;
listening to theogonies
—pronounced by an old man with a hat sitting next to you—
about dead horses on ranches
as huge and strange as Asia,
or about images of Aparicio Saravia

(aunque es mejor oírlo que oír la deconstrucción,
que escuchar el discurso astuto del cangrejo
que come sus alvéolos).
Para nada te sirven tus amigos perdidos
que hablan de Michelangelo en los supermercados
de ultramar o de Marte.

Te creías, no hace mucho,
que tenías escondidos dentro de tu cabeza
un órgano de iglesia o un Aufklärung eléctrico.
Hoy solo hay sopa negra
hecha con los fantasmas de pescados de goma
(somos lo que comemos).
Para nada te sirve.
¿Quo usque tandem, gárgola?

(although it's better to hear that than deconstruction,
or listen to astute discourse of the crab
that consumes its own breath).
You won't be helped by your lost friends
speaking of Michelangelo in supermarkets
in other countries or on Mars.

Not long ago you used to think
that inside your head you had
a church organ or an electric *Aufklärung*.
Today all you have is black bean soup
made with the ghosts of rubber fish
(you are what you eat).
They can't help you now.
Quo usque tandem, old man?

—Translated by Charles Hatfield

Silvia Guerra

Verbigracia

Hilos. Invertebrados. Largas madejas. Tubérculos oscuros.
Leguminosas.
Rizoma.
Emerge hacia la superficie. Corre como cordel, pequeños bulbos.
Familia se escribe con minúscula, es un yuyo.
Ovario ínfero, es el que duele por el rema, es lo que queda.
Una semilla sin endoesperma, el almacenamiento es
en depósitos, el almacenamiento es
como el tiempo, no es de nadie
Está, permanece, gotea en los galpones.
Entra y sale la gente los animales las demás semillas, todo.
Él permanece humedecido en la penumbra quieto.
Los cotiledones son oleosos en el ovario ínfero, el embrión
de la semilla es recto. Gineceo
es la posición del ovario
Puede decirse infinitos
La dispersión es por el viento
o los insectos.

Como compara, hace de metáfora

Intensidad intensa intención
dice decía decías también puede
entonces dos puede abrirse partirse
para dos como intención intensidad
frescor o, más bien, frío. Una doctora una ginecóloga
ahora una pediatra porque el tiempo pasa la pediatra
detecta rápidamente el mal de la criatura sale corre cuando
es necesario en general es la garganta la corriente el cambio
de la temperatura a veces sí, corre. La ginecóloga
después de las dos va hacia el hotel hacia el gineceo propio
hacia el dolor que el libro dice: eso no duele.

Silvia Guerra

Proof

Filaments. Invertebrates. Wide skeins. Dark tubers.
Leguminosae.
Rhizome.
Surfacing. Running rope-like, little bulbs.
A family written in minuscule, a weed.
Inferior ovary, what the rheme hurts, what remains.
A seed sans endosperm, the storage is
in deposits, the storage is
like time, is nobody's.
It is, it remains, it drips into repositories.
The people animals leftover seeds, everything enters and exits.
Remains dampened in the placid half-shadow.
The cotyledons oily in the ovary, the seed's embryo
is upright. The gynoecium
holds the ovary.
One could call them infinite.
The dispersion is accomplished by wind
or by insects.

Comparison Makes Metaphor

Intense intensity intention
saying, was saying, you were saying, also could
then two—could unfold, split
for two intention intensity
coolness or, better, cold. A doctor gynecologist
pediatrician now because time passes the pediatrician
spots promptly the disease of the creature goes out runs when
necessary generally it's the throat it's the current the change
in temperature sometimes yes, it's running. Past two
the gynecologist heads to the hotel to the gynoecium proper
to the pain of which the book says: it does not hurt.

Pero a la ginecóloga le duele y está soltera
todavía el pelo renegrido corre
para llegar a tiempo al gineceo que finalmente duele
en la reminiscencia del anterior ritual de fruta como el
recuerdo de un cuadro renacenista ahí no
duele la rodilla flexionada, la rodilla entre frutas puesta las
frutas de la boca a la boca, entre las frutas
ese cuerpo coronado, exhausto. No. La piedra
surca una piel como el agua. Un agua cuando el viento
comienza por las tardes. Una piedra
y alguien dice ven. Ven. Alguien que dice Ven
esta piedra partida, este dolor.

La farsa en el umbral, se hamaca

Vuelve ahora luminosa la parte de la esfinge que no
recuerda nada y todo le parece cuento chino. Pintado
en la pared sobre un papel de seda, el labio por besar
violeta y dirigido al desencanto en línea recta queda la
esquizofrenia por volver. La arena que brillaba y sobre
ella un cuerpo de mujer que no es el mío. Apenas veinte
años atrás ella tenía la seda del papel y veinte años y
dentro de otros veinte nadie aguantará tanta cadencia
como animales vivos cosidos dentro el dobladillo
de la blusa que acaba en el calor de la línea del día, por
luz negra sobresalen los dientes. Y dice esquizofrenia la
marca de la esfinge, la línea horizontal de la sonrisa
la cuerda que juntos transitamos cuando el porvenir estaba
todavía antes que el cielo desovando la angustia por no
verse los dientes en lo violeta de la cruz,
las varas rotas.

But it pains the gynecologist and she's single
still the hair runs sooty
to arrive on time to the gynoecium that hurts through to the end
remembering the last fruit ritual as if
recalling a Renaissance painting there is no
pain in the bent knee, the knee set among fruits the
fruits of the mouth to mouth, among the fruits
that body crowned, exhausted. No. Stone
makes skin furrow like water. The water when the wind
picks up past noon. A stone
and someone says come. Come. Someone who says Come
this split stone, this pain.

The Farce in the Doorway, Swaying

Now it comes back luminous: that part of the sphinx that
recalls nothing and everything seems to her a tall tale. Painted
on the wall upon a silk sheet, the lip to kiss
violet and directed toward disenchantment rectilinearly the
schizophrenia of returning. The sand that glistened and
a woman's body on it, not mine. Barely twenty
years before, she was silken as a sheet and twenty
and in twenty more no one could endure so much cadence
as live animals sewn into the hem of a blouse that
ends up at the hot edge of the day, teeth
jutting out through black light. And it says schizophrenia
the mark of the sphinx, the smile's horizontal line
the rope we crossed together when the future was
still in front of the sky egg-laying anguish so it wouldn't
see the teeth in the violet of the cross,
the broken sticks.

Así

No peinarse no ir no flotar en la acequia.
Saber que todo el pelo encanece en un rato
y los garabatos de la cena no bastan. Tirarse
del cabello y sopesarlo en grumos en espacios
de nebuloso gris de blanco tiza. Llamar por
lo que quema lo que agobia lo que pide lo engendra
lo disminuye en partes en sometidos cuencos
en tinajas enanas. Enanas las que bailan con la
cabeza enorme, enana yo que no puedo dejar
de pedir por los filos hasta entrada la noche,
hasta la madrugada. No roza la figura no la
alcanza y sin embargo igual perdura dura
continua entre la almohada y la pared,
la máscara nocturna se ennegrece.
No aprendo casi nada.

Jota aspirada

Hache. Pedazo de aire comprimido
para salir de madre
de la patria de dios. El nombre
que se pregunta en corte
en vidrio, entre dos vidrios.
El nombre del español en femenino el nombre
traducido que también pensamos cuando se piensa
el modo de llamar a una hija. Suerte
la hija suerte la patria
lejos la madre lejos dios, en otra parte. No importa
la manera de decir sed del haber. Haber sido, creer
haber. Sido.
Hay una gracia ahí
En la conjugación del ser, en
Sido.

Like So

Not to comb not to go not to float in the ditch.
To know that all hair goes grey eventually
and that the dinner scribblings don't suffice. To pull
out your hair and weigh it in fistfuls in spaces of
chalk white of nebulous grey. To call for
what smothers what burns what asks engenders it
cuts it up in parts in overthrown bowls
in dwarfish jars. Dwarves the ones that dance with
massive heads, I a dwarf who can't stop
asking for sharp edges until night has fallen,
until dawn. It doesn't touch the figure, doesn't
reach it but nonetheless all the same persists
endures remains between the pillow and the wall,
the nocturnal mask grows darker.
I hardly learn a thing.

Aspirated H

H. Piece of air, compressed
so it can leave the mother
god's fatherland. The name
that's asked in court
in glass, between two glasses.
The feminine noun in Spanish the noun,
translated, that we also think of when we think
of what to name a daughter. Fortune
the daughter fortune the fatherland
the mother far, god far, somewhere else. It doesn't matter
how you say the thirst of having. Having been, believing
you have. Been.
There's grace there
In the conjugation of be, in
Been.

Sin embargo el arrastrar de las flores continúa

Una madre hay que dice, que susurra bajito,
que me avisa: *"no son besos, Susana, si es el aire"*.

La letra muda a no nombrar
pasa entre los dientes separados
entre los dientes
Muda. Una aspiración el celo
que asciende con los ojos fijos en el cielo.
Empaña el espejo:
Si no es beso
si es el aire

Trasegar con las flores inmensas las coronas
en cubos de metal en vasos altos de las terrazas
desprendidas. Ramos, pétalos transparentes
Nácar.

Hache, pie que no ha existido nunca
doblada sábana del aire en la arena mojada
se recuerda a la mar; la sábana blanca a la mortaja
el olor de hospital mancha la cama el colchón transido
me recuerdo del mar, el gran mecido sin ojos
que es el mar rito de comenzar perverso volver
a empezar otra vez, otro día, la mano por la tela;
En el espacio vacío puede haber hasta, todavía.

La letra, Muda, no produce
no hace efecto fónico y así sin potestad
designa el afuera imposible, el afuera
que habita un aire carcomido. Antepone
sustancia del decir idioma en sitio de rotar
ahora silencio. Ahora
sólo el viento agujereando en las cañas
sólo el viento, Silbando.

Algún refugio tener eso, la palabra
Refugio, quedarse fuera

Still the flower-dragging goes on

There's a mother who says, who whispers low,
who warns me: "They're not kisses, Susana, if it's the air."

The silent unnamed letter
passes between parted teeth
between teeth
Silent. An aspiration the fervor
rising with eyes toward the ether.
The mirror fogs up:
If it's not a kiss
if it's the air

To muddle the giant flowers the wreaths
in metal buckets in detached terraces' tall vases.
Branches, transparent petals
mother of pearl.

H, purely hypothetical foot
doubled sheet of air on the damp sand
it reminds you of the sea; the white sheet to the shroud
the hospital smell stains the bed the mattress stricken
I remind myself of the sea, the great eyeless swaying
that is the sea, rite of beginning perverse returning
to start again, another day, the hand on the cloth;
In the empty space there could've until, still.

The letter, Silent, creates no
makes no phonic effect and so, impotent
it calls the outside impossible, the outside
inside worm-eaten air. It prefers
substance of speech language in place of rotation
now silence. Now
just the wind piercing gaps in the cane
just the wind, Sibilant.

Some sort of refuge to have that, the word
Refuge, to stay outside

en la portera, en el alambrado con
el niño que se mece, que sonríe mirando
hacia la ruta
Hache, la ausencia del sonido no nombra.

Gula no abarcar, gula ser una, Nunca plural
Nunca el umbral del abarcar bajo la umbrosa
del entrar y el salir, la providencia de poder
el poder de decir poner fuera, sacar, afuera estar
lo que fuera no alcanza también prefijo puede ser
añadir, puede preceder la idea a la palabra
de la que no se tiene rastro por lo muda
de la aspiración tronchada o Prefijo que
puede anteponerse y entonces la idea
fija entre alfileres puede
ser doble y diversa y puede
ser sacar, o puede, ser poner.

Irse, al afuera.
Ser, extraído.
Estar, apartado.

Y ver en el ex como prefijo la
particularidad de anteponer al
abundante corazón la locución
completa: afuera quedar siendo
Intemperie, desdice la promesa
lo que era, a veces, excesivo
Inspira, Ahora, jota afuera,
la palabra extranjera, la hija,
lejos.

Le viene a la cabeza hendida por el
viento rozada por las flores
No seas paciente
Sé insaciable
Sálvate a ti misma; no puedes salvar a los otros.

Hacha la hache
silencio que queda después de caer

in the doorway, at the chain-link fence with
the boy who rocks himself, who smiles looking
toward the road.
H, the non-sound makes no mention.

Greed in not extending, greed in being singular, Never plural
Never the threshold of extension under the umbrous one
of entering and leaving, the providence of power
the power in saying putting outside, in taking, being outside
whatever was does not suffice and a prefix too could be
adding, could prefer the idea to the word
for what is traceless in its silence
for the halted aspiration or Prefix that
can place itself first and then the idea
fixes between pins can
be double and disparate and can
be to take, or can, be to put.

To go out, outside.
To be: *ser*, removed.
To be: *estar*, alone.

And to see in the ex as prefix the
oddity of putting before an
ample heart the entire
phrase: to stay outside
Dark skies, revoking the promise
what was, at times, excessive
Inhale, inspire, Now, the J outside,
the foreign word, the daughter
far.

It reaches the head cracked by the
wind worn down by the flowers
Don't be patient
Be voracious
Save yourself; you can't save the others.

Hatchet the H
silence that remains after a tree

un árbol tronchado por un hacha.
Silencio es lo más vivo.

Sálvate a ti misma.

En esa larga lista en fila
Invoca rememora revive
ese silencio. La semejanza
es lo que relaciona este tipo
de muerto, este tipo de nomadismo
inacabado. Jugar con hachas es una
aspiración. Inspirarse en la Hache,
que desde su lengua migra.
Extraño es extrañar, la penuria de
madre sin la hija. También puede
aspirarse la jota para decir el extranjero
una tierra que se extiende en otra parte.
Y este callar, un lujo.

Sé insaciable.

Sé insaciable: Hache abrevia
el hidrógeno del agua la fuerza
del caballo, el as de toda bestia en ex
Abrupto. Violencia puede decir soltar,
puede ser contestar. Ahí una loca.
Que contesta, que sale. Hidrógeno en
el agua, una respuesta brusca a que
se expone el que propone. La fuerza
del caballo coz bufido destemplanza
la exuberancia promete del exceso en
la idea desborda carnadura en la hebra,
alambre en el tapiz.

Yace alambrada con agua sobre
el charco lanza la piedra y abre
lo impalpable. La ausencia
de figura un haz de plomo la
mano que separa y que junta,

falls, felled by a hatchet.
Silence is the most alive.

Save yourself.

In that long list in line
it invokes it recalls it relives
that silence. The likeness
is what connects this kind
of death, this kind of unfinished
wandering. To play with hatchets is an
aspiration. To be inspired by H,
which migrates away from its own language.
There's something amiss in missing, the lack of
mother without daughter. The J could also
be aspirated to pronounce what's foreign
a land that stretches somewhere else
And this hush, a luxury.

Be voracious.

Be voracious: H cuts
the hydrogen in water the strength
of a horse, the ace of each creature in ex
Abrupt. Violence can mean releasing,
can be replying. There, a madwoman.
Who replies and leaves. Hydrogen in
the water, a brusque reply to what
exposes who decides. The strength of
a horse, kick snort fever
the exuberance promises excess in
the idea overflows muscle in the sinew,
wire in the wall-hanging.

The wire fence lies with water over
the pond it pitches the stone and opens
the intangible. The absence of
form a bundle of lead the
hand that parts and joins,

la mano que separa el murmullo
pensamiento imbricado hendido
de ironía batiendo a doble, en
duelo.

No seas paciente.

Hache es envuelta entrañada
a la entraña evita levitar
vitando. Suspendida
picaflor que no decide
en esa parte cercana de
la flor el color adelante
pero no tendrá fin.

No impide la fusión entre
lo que está interpuesta
y sustituye El,
La, del nombre en femenino:
el hacha.

Herramienta que se usa para
Tronchar, un árbol, por ejemplo,
una cabeza, que, cercenada, rueda.
El haz de luz no impide el escozor
el vaho inmóvil. Hatillo con las ramas
haz de espigas haz de todo eso, un canto.

Sin medida excesivo el trance aumenta.
Inclina exclamación, o clama. La tierra
de la boca, el hormigueo recuerdo que no
acaba de irse. El terraplén de tierra la boca
con la tierra. Toda la sombra pertenece a la arena
toda la voz a lo hondo de ese mar que devuelve y es
con la boca llena que se hace un terraplén. Vuelve a
los restos de difunta desentierra otra vez el dolor que
tensa el arco de la nómade. Recuerda o rememora.
Revive. Resucita. Esa cumbre está viva.

the hand that parts the murmur
overlapped thought cracked
from irony churning doubled,
in a duel.

Don't be patient.

H is involved connected
to the nexus evades levitation
avoiding. Hovering
hummingbird that doesn't decide
in that space close to
the flower the color in front
but it's endless.

It doesn't prevent the union of
what is inserted
and replaces *El*,
La, from the feminine noun:
el hacha, the hatchet.

Tool that's used to
truncate, a tree, for example,
a head, which, severed, rolls.
The beam of light doesn't hinder the stinging
the motionless breath. Bindle with branches
bundle of stalks bundle of all those, a song.

Measureless excessive the trance intensifies.
It induces exclamation, or clamor. The mouth's
earth, the pins and needles memory that didn't
just leave. The earthen embankment the mouth
with the earth. All shadow belongs to the sand
all voice to the depths of the sea that restores
and with its mouth full becomes an embankment.
It returns to the deceased's remains exhumed again the pain
that draws the nomad's bow. Recalls or remembers.
Revives. Relives. The summit is alive.

Fuera afuera
Y fuera otra,
y si fuera,

Es la vocal que extiende el vínculo
que hace inherencia entre y prende.
Hecho, hache, qué dice la primera
manifestación de toda cosa, la primera,
hecho: vivir es tener vida.

Exterior fuera manifestarse en actos.
Parte de afuera, expuesta.
Extrema a la extranjera. Extraña de
esta habla Inesperada clandestina
Oculta la que extraña aparta de sí
Aparta, es apartada. Rehuir, huir, de nuevo.

Salir, irse, no estar. Hacer
cruces, hacerse en cruz pasmada
sorprenderse. Atónita la boca
estará abierta, sentir la falta:
mugía la vaca extrañando su cría

De tierra, desentrañarse, entraña
extraña de la entraña, salir de la
tierra equivale a otra construcción la
forma de ese ser, en tierra ajena.

Extrema la cabeza en ese extremo. Gime.
El grado último de algo. Extremada es
la cualidad que da este grado; de ella parte.

Extremidad también es punta. Distinta distante punta.
Fin, final fondo, lado orilla, Colmo
la cualidad de una circunstancia.
Cálmate. En tal extremo
Alejada del punto en que se sitúa
El que habla. La,
que niega, La

Were it outside
and were it another
and if it were,

It's the vowel that lengthens the link
that makes them inherent and takes.
Hatched, H, what the first
manifestation of everything says, the first,
hatched: to live is to be alive.

Exterior outside, to manifest yourself in your actions.
The outer part, exposed.
Extreme for a stranger. She finds
this speech strange, amiss. Unexpected underground.
She hides what she misses departs from herself
Departs, is apart. To shy away, to shun, again.

To leave, to flee, not to be. To make
crosses, to become a gaping cross
to surprise yourself. Astonished the mouth
will be wide open, to feel the absence:
the cow lows, missing its young

Earthen, unraveling, the middle
missing the middle, to leave the
earth is equal to another construction
the form of that being, upon other earth.

Extending the head in this extreme. It groans.
The last degree of something. Extended to the extreme
the quality that causes this degree; it departs from there.

Extremity is also the point. Distant distinct point.
Finish, final depth, shoreside, Summit
a circumstance's quality.
Calm down. At such an extreme
distanced from the point where you find
him, the one who speaks. She,
who refuses, she

que puede extraviarse.
Tomar por el camino equivocado,
perderse.
No fija en algo como cuando se
mira normalmente sino fijos en
una cosa lejana e invisible, ojos vagando
en todas direcciones Al extremo, en extremo,
dar por propia esta ganancia bruta:
Transhumar los ganados.

De este lado del mundo, Daniela,
Las puertas del campo las abres tú sola.

(Citas en itálica de Maruja Díaz, Adrienne Rich y Blanca Wiethüchter.)

Ilusio

Las ramas secas, negras del invierno visto en la velocidad
corren de canto, ven hasta aquí a beber
gotas traslúcidas sobre las hojas frescas
ven hasta aquí, y trata de que encienda ese pabilo.

Si vienes de la cima tarareando, capaz que puedo
Verte, capaz que de vuelta encuentro en el recodo
el ojo de agua subsumido manando entre las hojas
de los álamos y hay un nido que canta entre los sauces.

Pero no. Claro. Clara el agua se vierte sobre sí y se hunde
Manantial a sí misma, agua en el agua.
El hoyo central es el del viento. Ni tú ni yo
Podremos detenerlo, ni tú ni yo, ese aniquilamiento.

Enjoya el espaldar, sabes que el agua también tiembla.
Llevaste el alma altísima hasta allí, que me retumba
Toma, y canta.

who can go missing.
Take the wrong path,
lose herself.
She doesn't focus on something as in
the normal way of looking; instead
her eyes fix on something invisible, far away, gaze wandering
in every direction. To the extreme, extremely,
to claim as her own this savage gain:
to drive the cattle onto new pasture.

In this part of the world, Daniela,
You alone can open the town gates.

(Quotes in italics are from Maruja Díaz, Adrienne Rich and Blanca Wiethüchter.)

Ilusio

Branches, dry and black with winter seen at speed
run canted, come here and drink
translucent drops off the cool leaves
come here, and try to light this wick.

If you come down from the summit humming, I might
see you, and descending, I might find the sunken
spring at some bend in the path; it flows between the poplar
leaves, and there's a nest that sings among the willows.

But no. Clearly. Clear, the water runs over itself and drowns
aquifer unto itself, water within water.
The central hollow belongs to the wind. You and I won't
be able to stop it, neither you nor I, this ruin.

Embellish the back, you know that water, too, trembles.
You brought the exalted spirit this far; it echoes me,
drinks, and sings.

—Translated by Alex Verdolini & Gillian Brassil

Circe Maia

de Vermeer

                I

Todo a un mismo nivel de vida intensa.

No hay prioridades. No hay jerarquía.

Es la piel de la mano.
El pliegue de una tela
complicada puntilla, dibujo en las baldosas
transparencias, reflejos en los vidrios
luz resbalando en leche

        en manzana

                en mejilla

flecos

    loza

            madera
y espejos: el espacio doblándose
imágenes de imágenes
                luz filtrada y
                silencio.

Circe Maia

from Vermeer

                    I

Everything at the same level of intense life.

No priorities. No hierarchy.

It's the hand's skin.
A fabric's fold
complicated edging sketch on tiles
transparencies, reflections in windows
light skidding on milk

                on apple

                        on cheek

tassels

              ceramics

                      wood
and mirrors: space doubling itself
images of images
                filtered light and
                silence.

V

(De música inaudible)

La que toca, de espaldas.
El rostro en el espejo
las manos, invisibles.

Y todo el amplio cuarto, desde el mármol veteado
del piso, hasta las vigas
del techo alto, vibra.

Sobre inmenso mantel de azules-rojos
dibujos laberínticos
el sonido resbala.

Alrededor-afuera-lejos otro sonido alumbra
—agria luz destemplada—
Holanda del seiscientos.
Afuera sangra Europa, tiempo en sombra.

Aquí dentro
el color crea música
un orden, una trama clarísima.

El profesor escucha
sobre un bastón la mano izquierda
la otra mano en el clave.

La jarra es un acorde blanco.

V

(About inaudible music)

She who touches, her back turned.
Face in the mirror
invisible hands.

And all the broad room vibrates,
from the cracked marble of the floor to the beams
of the high roof.

The sound slips
above the immense tablecloth of blue-red
labyrinthine sketches.

All around-beyond-far off another sound illuminates—
bitter unbalanced light—
Holland in the 16th century.
Beyond, Europe bleeding, the time in darkness.

Here inside
color creates music
an order, an extremely clear plot.

The teacher listens
left hand on a cane
other hand on the key.

The pitcher a white chord.

La ciudad del sol

En prisión siciliana
el fraile domínico Tomasso Campanella
vio en sueños las murallas concéntricas rodeando la colina
—defensa de invasores—
y en su interior las vio cubiertas de dibujos
de signos, de pinturas . . .

(Las murallas enseñan a quien vive entre ellas
secretos de animales y plantas, astros y geometría
música y matemáticas.)
Vio el fraile en la ciudad el movimiento
de sus seres felices, sus vestidos, sus juegos
su parejo trabajo, su parejo descanso.

Y ellos "que nada tienen, pero a quienes
nada falta", sonríen
y la ciudad solar brilla y alumbra
la prisión siciliana.

(También al mil quinientos,
otro Tomás inglés, Sir Thomas Moro
sueña con su fantástica Utopía
mientras se afila el hacha del verdugo.)

Destrucción del paisaje

Tres tonos: verde agua, tierra, gris celeste.
Las figures humanas pequeñitas
se ven difícilmente:
son manchas demasiado chicas
en la explosión de luz, ni se distinguen.

El gran diamante las envuelve
las traga. Sólo existe
la aguda limpidez: aire-agua nítidos.
Una mancha de nieve se recorta

City of the Sun

In a Sicilian prison
the Dominican monk Tomasso Campanella
saw in dreams concentric walls circling the hill—
a defense against invaders—
and he saw they were covered with sketches on their inner side
with signs, with paintings . . .

(The walls teach whoever lives within them
the secrets of animals and plants, stars and geometry
music and mathematics.)
The monk saw in the city the movement
of its happy beings, their clothing, their games
at the same time their work, at the same time their rest.

And "those who have nothing, but who
lack nothing" smile
while the solar city shines and lights up
the Sicilian prison.

(Also in 1500,
another Thomas, English, Sir Thomas More,
dreams of his fantastic Utopia
while the executioner's hatchet is sharpened.)

Destruction of the Landscape

Three hues: blue-green, earth, sky-gray.
The tiny human figures
can be seen with difficulty:
they're stains almost too little in the explosion
of light: they can't be made out.

The great diamond wraps them
swallows them. Only sharp
limpidity exists: clear air-water.

afirmada, precisa, detenida.
Ni un solo pensamiento le hace frente
—invisibles fantasmas —¿dentro, fuera?
de manchitas polícromas.

Sin embargo . . .

Devorado el paisaje por los ojos
reducido a ceniza de memoria
flotando fugazmente y rechazado luego
hacia atrás, hacia atrás, ya desteñido
ya borroso, impreciso (cómo eran
cómo eran las montañas, agua, piedras
¿había alguna nube?)

Como hoja navegante y luego hundida
el paisaje naufraga.

Prometeo (de un cuento de Kafka)

Hay otras posibilidades sobre Prometeo
que los griegos no vieron:
el olvido, el cansancio.
A través de los siglos la traición fue olvidada.
Se olvidaron los dioses, se olvidaron las águilas.
El propio Prometeo, después de tanto tiempo
de su horrible castigo ha olvidado la causa.
Y también el cansancio:
se cansaron los dioses, se cansaron las águilas.
La herida, finalmente, se cerró de cansancio.
Sólo quedó el peñasco inexplicable
frente al violento mar
inexplicado.

A stain of snow silhouettes things
steadied, precise, motionless.
Not a single thought stands up to it—
invisible ghosts—within, outside?
of multi-colored little stains.

Nevertheless. . .

Devoured by eyes the landscape
reduced to memory's ash
floating swiftly and then pushed away
backwards, backwards, now faded
now smudgy, imprecise—(how they used to be
how they used to be mountains, water, stones
was there some cloud?)

Like a leaf sailing and then sunk
landscape-shipwreck.

Prometheus *(from a story by Kafka)*

About Prometheus there are other possibilities
that the Greeks didn't see:
forgetfulness, exhaustion.
Across centuries, his betrayal was forgotten.
The gods were forgotten, eagles forgotten.
After so long with his horrible punishment,
Prometheus himself has forgotten its cause.
And also exhaustion:
the gods exhausted, eagles exhausted.
At last, the wound closed from exhaustion.
Only the inexplicable rock
remained unexplained
in front of the violent sea.

El palacio de jade verde
(De la Máquina del Tiempo, de H. G. Wells)

El viajero del futuro ha encontrado seres
delicados y frágiles, como niños.
Hombres del futuro, flojos.
Ni siquiera pueden
sostener la atención por mucho tiempo;
ni crean ni recuerdan, como plantas o pájaros
prontos para extinguirse.

En la ciudad en ruinas ve el viajero un palacio
de jade verde: es un museo
polvoriento, de inscripciones borrosas.
Los libros, como trapos, ya no pueden leerse.
Ese es nuestro futuro
para la raza débil, ya pasado.

Por las ventanas rotas, sopla el viento.
Y es esa extraña imagen la que queda
flotando, intermitente.
¿Qué cosa lastimosa, qué mas triste
puede haber que ese viento en el palacio?

Dibujos

I

Un lápiz inhábil dibuja
el contorno de las cosas cercanas.
Es un modo de verlas mejor este querer llevarlas
al papel, de algún modo. (Ni siquiera las fotos
son confiables. Se toman y se miran demasiado
rápido, se olvidan enseguida).

Palace of Green Jade
(From The Time Machine, by H. G. Wells)

The traveler from the future has encountered beings
delicate and fragile, like children.
Men of the future, lazy.
They could hardly capture
our attention for very long,
nor could they create or remember;
they're like plants or birds
soon to be extinguished.

In the city in ruins the traveler sees a palace
of green jade: it's a dusty
museum, with bleary inscriptions.
The books, like rags, cannot be read.
That is our future
the weak race's, already past.

Wind blows through broken windows.
And it's that strange image that remains
floating, intermittent.
What more pitiful thing, what sadder thing
could there be than that wind in the palace?

Sketches

I

A clumsy pen sketches
the shape of nearby things.
It's a way of seeing them better, this wanting to carry them
to paper in some manner. (Not even photos
are reliable. Taken and looked at too quickly,
they're forgotten right away).

En cambio, este torpe esfuerzo
obliga a la mirada y a la mano
a seguirse una a otra, a corregirse,
a borrar y a tirar, pero no importa.

Por un rato hubo un lazo delicado
uniéndonos.

II

Ahora, por ejemplo, ¿qué más quieto que el vidrio?
Sin embargo, imposible dibujarlo.
Claro que se podría dibujar la ventana
y mostrar que detrás, un trozo de escalera
es muy visible, pero
si miramos mejor resulta que el reflejo
de las paletas del ventilador
no ha dejado un instante de moverse en el vidrio.
También están aquí en este objeto
redondo— ¿una dulcera?—
cuyo vidrio no deja ni un momento
de mostrar el girar de las paletas.
Como todo girar, simula el vuelo
de ida y vuelta, el retorno
y el partir otra vez, al unísono
la ausencia de cansancio de las cosas mecánicas
la no-vida, que logra, sin embargo
hacer temblar al vidrio
y no deja a la mano dibujarlo.

On the other hand, this awkward effort
compels the glance and the hand
to follow one another, to correct each other
to erase and to discard, yet it doesn't matter.

For a short while there was a delicate link
uniting us.

II

Now, for example, what's quieter than glass?
Still, it's impossible to sketch it.
Of course one could sketch the window
and show that beyond, quite visible
is a piece of stairway,
but if we look closer it turns out that
the reflection of the fan's blades in the window glass
hasn't stopped moving for an instant.
Also they're here in this rounded
object—a sugar bowl?—
whose glass doesn't for a moment
stop showing the blades' turning.
Like all spinning, it imitates the flight
of departure and return, meeting
and parting again, both at once,
the tirelessness of mechanical things
the non-life, that succeeds nonetheless
in making the glass tremble
and won't let the hand sketch it.

Prisionero

> *la ciudad te ha de seguir*
> Kavafis

Así que no hay manera de librarse:
bastará darse vuelta para verla.
Allá viene, siguiéndote
moviéndose—en apariencia lentamente—
y en realidad muy rápido.
Y si huyes por un momento sientes
muy lejano el ruido de las calles
discusiones, motores y ruidos y bocinas
son un sordo rumor.
                Y de tan lejos
apenas brillan ahora las ventanas más altas
tal vez un campanario.

Pero cuando por fin llegas a otro
lugar, a otra ciudad desconocida
tu ciudad te ha alcanzado bruscamente:
ya no es cuestión de darse vuelta. Adentro
muy adentro de ella te paseas
y a la otra le ruegas que te espere
que no se vaya lejos. . .

La otra no se mueve, pero se decolora
pierde tibieza, sus sonidos bajan
sus olores apenas se perciben

y el viejo aroma de la que te envuelve
no te suelta.

Prisoner

> *The city will follow you.*
> *Cavafy*

So there's no way of freeing yourself:
you only have to turn around to see it.
There it comes, following you
moving along—apparently slowly—
but actually very fast.
And if you flee, you'll hear for a moment
street sounds so far away
arguments, motors and noise and horns
a deaf mutter.
        And from far away
the highest windows barely shine now
maybe a bell tower.

But when at last you arrive at another place,
at another unknown city
your city suddenly catches up with you:
now it's not a question of turning around. Inside
deep inside of it you'll walk up and down
and beg your city to wait for you
not to go too far away. . .

Your city doesn't stir, but fades
loses warmth, its sounds dim
you can barely make out its odors

while its old aroma enfolds you
won't let you go.

—*Translated by Mary Crow*

Eduardo Milán

Lo serio es ser, nido
caliente de alas, lo serio es ser.
Cuando lo serio era feliz, luz
no siendo o siendo pájaro, que no es
el mismo canto, o un *cayendo* que no se encuentra
suelo, el sol abismo, sol al descender. Sol
que desciende detrás de la casa. No había ser.

A través de la ilusión es la manera
más corta de llegar a lo real y más allá,
pasando lo real. No hay nada más allá de lo real
dice una voz que vio, la voz de alguien que logró
volver de lo real, Aina, ligeramente así
por la necesidad total de concretud. Respetos,
la cantidad exacta de respetos para tanta perfección
que señala esencialmente lo que no es con alegría,
doce uvas y trompetas, con penachos de alegría y no
con esa tristeza del atardecer de quien ya sabe.
Pero a través del brillo, del neón o la melena iluminada
de la ilusión es posible abrirse paso con un fósforo,
con el revés de la llama que es la gota que asciende hacia ti
que eres quién, de nuevo Aina, qué, qué, qué, antes del habla
encadenada por el qué hasta ahora. Ya no es posible dar
nombres
regalar nombres como hacían los poetas, nombrando a diestra
y siniestra antes que el buen diera la vuelta y cuando daba
sucedía este milagro que se llama versura. Dicha,
la versura no puede durar mucho: como una bailarina después
de los cuarenta pasa del cuerpo al recuerdo.

Eduardo Milán

[Untitled]

What's serious is being, warm
nest of wings, what's serious is being.
Back when being serious was happy, lumen
not being or being a bird, which isn't
the same song, or a *falling* which finds no
ground, sun into abyss, sun going down. Sun
going down behind the house. There was no being.

[Untitled]

Through illusion's the most direct
way to get to reality and beyond,
passing through reality. There's nothing beyond reality
said a voice that saw, voice of someone who managed
to return from reality, Aina, so lightly due
to the total necessity of being concrete. With all due
respect, an exact amount of respect for such perfection
joyfully pointing out what essentially is not,
twelve grapes for new year's, trumpets, joyful feathers
and not that sunset sadness of one who knows better.
But through that glint of neon or illuminated mane
of illusion you might find your way with a match,
with the reverse of that flame, a drop rising toward you
who are who, Aina again, that, that, that, before speech
that's chained by all the thats till now. No longer can we give
names
give out names like poets used to do, naming right
and left before the good turned round and when it did
the miracle called prosody occurred. Once said,
prosody can't last: like a ballerina past
forty it passes from body to memory.

En el tiempo en que leía por epifanía
— epifanía es una palabra posterior:
surgió para explicar lo repentino
que gratifica, el deslumbramiento —
una frase condensaba un interno placer
que hacía desviar los ojos de las líneas,
levantar la mirada hacia el librero o la pared,
atrevesarlos y entrar al campo íntimo,
a la pastura interior, que no se cuenta.
Los ojos no veían lo que los rodeaba ofreciéndose
como un presente sensual, tiempo desnudo.
No es que una frase feliz desaparezca el mundo:
lo transparenta.

A pulso,
a palo seco,
a pan y agua pasan los poemas hacia dónde.
Las muchachas-girls vienen marchando,
vienen marchando los comedores de petróleo,
Come crudo, primitivo, come crudo:
no hay más metafísica que comer crudo.
Veamos: viene del vientre de la tierra,
para emplear una palabra dulce: *vientre,*
para sugerir una madre: *tierra:*
ambas explican la acción del primitivo.
Lo que no se explica es la palabra *metafísica*
pero ya está *cubierta de amapolas.*
Este es el curso actual de las cursivas,
el lomo perseguido de la ballena blanca.
Sobre la blancura de la tierra
los bueyes del verso dan la vuelta
y ahí, precisamente en la vuelta,

[Untitled]

Back in the day when I read for epiphanies
—epiphany's a word I use with hindsight:
it pops up to explain that sudden
sense of gratification, illumination—
a sentence would condense some internal pleasure
making me lift my eyes from the page,
my gaze drifting toward the wall and bookshelf,
traversing them to enter an intimate field,
an inner pasture, which can't be quantified.
My eyes didn't see their surroundings which offered
naked time, a sensual present moment.
A felicitous phrase doesn't make the world disappear:
it turns it transparent.

[Untitled]

To the heartbeat,
the dry stick tapping,
on bread and water the poems go by toward somewhere.
The girls-muchachas come marching along,
marching along come the eaters of petroleum.
Eating it crude, primitive, eating it raw:
the only metaphysics is eating it raw.
Let's see: it comes out of the earth's womb,
to use a sweet word for it: *womb,*
suggesting a mother: *earth:*
these words explain the flow of crude.
What's unexplained is the word *metaphysics*
which is already *covered with poppies.*
This is the actual course of cursive,
flank of the mountain pursued by the white whale.
Upon the whiteness of the earth
the oxen of the verse make their turn
and there, just at the turn of the furrow,

en el punto momentáneo de la vuelta— luego el abismo—
reside la versura, la bellísima versura.

Pessoa: *Come chocolates, pequeña;*
Come chocolates!
Olha que não há mais metafísica no mundo senão
chocolates

Neruda: *¿y la metafísica cubierta de amapolas?*

Escribir de un modo más contemporáneo,
a como viene el tiempo.
A como la vida pasa,
no entera, por fragmentos.
Así escriben hoy en Francia,
en Alemania, en Brasil,
en Estados Unidos los poetas.
Son lo mejor que han dado
los poetas, los músicos, los desobedientes
— en el supuesto caso que hayan *dado* algo.
Son como Celan en su escritura
pero no todos están desesperados.
O como Williams, pero no todos curan el alma.
Siempre hay un *pero* alrededor, sobrevolando.
Pero no siempre es un pájaro.
Hay mayoría de moscas, mosquitos, libélulas
y alguna vez una mariposa —pensada,
puesta ahí en ausencia de una cosa menos grave.
La mariposa es una imagen cara,
una cara que retrocedió a imagen,
el intento de escapar a la máscara.

at the momentary turning point—then the abyss—
is where prosody lives, beautiful prosody.

Pessoa: *Eat chocolate, little girl;*
Eat chocolate!
Olha que não há mais metafísica no mundo senão
chocolates

Neruda: *And what about your metaphysics covered with poppies?*

[Untitled]

To write in a more contemporary mode,
the way time passes,
the way life goes by,
not entire, fragmentary.
That's how the poets are writing these days in France,
in Germany, in Brazil,
in the United States.
That's the best contribution
these poets, musicians, rebels have made
—assuming they've *contributed* anything.
They write like Celan
but not everyone is that desperate.
Or like Williams, but not everyone heals the soul.
There's always some *but* around, flying over.
But it's not always a bird.
Most of them are flies, mosquitoes, dragonflies
and now and then a butterfly—thought up,
put up in the absence of anything less important.
The image of the butterfly costs us dearly,
a dear face receding into an image,
an attempt to escape from the mask.

No es una pregunta
No tiene respuesta.
O es una pregunta que entraña su respuesta.
Entonces me digo:
buey, da la vuelta,
retorna a donde venías,
lo que le falta al círculo complétalo
—sin sentido, sin sentido
deja en paz esos pétalos—,
libérate, vuelve a ella.

Es el trabajo del buey bajo las estrellas.
Lo que ven, si algo ven
no es lo que vence sino lo que pierde.
Adentro tiene padre la intemperie.

No consigo estar de acuerdo conmigo:
Dudo, titubeo. ¿Qué debo decir que esté conmigo
De corazón, no tanto de lenguaje?
Es que el lenguaje es tanto. Y mientras
Al costado mi hijo espera,
Al costado mi hijo espera,
Al costado mi hija espera,
Pacientemente al costado mi mujer espera:
Son tres hijos y mi mujer al costado del poema,
Al costado de mi desacuerdo conmigo.
¿Qué es esta justificación tentativa de una tiniebla
Como si no tuviera derecho? La izquierda
No me lo quita sea lo que sea ese derecho no civil,
Estar a una doble sombra, la de la.
Árboles referí que estaban al costado, esa paisajística
Ingenua: yo y al costado árboles en prolongación, voy con ellos,
Rasgos de una querencia con un yo central, pampa

[Untitled]

It's not a question.
It doesn't have an answer.
Or it's a question that implies its own answer.
So I tell myself,
ox, turn your plow around,
go back where you came from,
complete what's lacking of the circle
—meaningless, meaningless:
leave those petals in peace—
free yourself, go back to her.

That's an ox's work under the stars.
What the stars see, if they see anything
is not what's won but lost.
The storm carries its own father inside.

[Untitled]

I can't get myself to agree with myself.
I doubt and stammer. What should I say to be with me
In the heart, not so much in language?
But language is so much. And meanwhile,
My son waits just outside,
My other son waits just outside,
My daughter waits just outside,
Patiently just outside my wife is waiting.
That's three kids and my wife just outside the poem,
Just outside my disagreement with myself.
What's this tentative justification of shadows
As if they had no right? The Left
Can't unburden my self of that uncivil right,
Being in a double shadow, that of this.
Trees referred to just outside, ingenuous
Landscape artist: me and a row of trees
Just outside, I'm on my way as they

En el dibujo, charreteras de mi camisa, hombros de mi cabeza.
Es que no consigo estar de acuerdo yo profundo
Con yo profundo, va uno por su lado y otro por su lado
Ladeados reconociendo lados de los que dudo, soldados
No israelíes ya tipificados en su tipo ni soldados por soplete
A mi yo —mijo incaico de rodillas ante lo que cae— sino
Soldados por el sol dados a la infancia del cubilete.

Si este lenguaje sólo se doliera
por sí mismo, sólo se autocelebrara,
si no apuntara un poco más allá, salido
y regresado con su huella a casa,
con la huella de un poco más allá aun tibio,
no caliente del contacto, algo se pierde, pasa
por el camino que nos reconduce, galgo
que nos reconduce, importaría un carajo
su carencia sin queja, su trabajo sin cara.
Una mancha de tinta enamorada
ciertamente, pero mancha.
Lenguaje de poema no tendría que ser mancha.

Alegría gustaría
ahora, necesaria, incluida
en todo, entera, sin que fuese
esa gracia especial, hímnica
de los grandes momentos con esferas
celestiales, dale al alma.
Alegría concreta, alegría de tocar
el cuerpo-carne, el cuerpo-música,
amados. Ruiseñores con, cántaros con,

Trace my heart's place with a central I, pampas
On the canvas, my cowboy shirt, my shoulders' head.
The problem is I can't get myself to agree, my deep I
With my deep I, one goes one way, one the other
Side by side, recognize dubious sides, soldiers,
Typified not Israeli soldiers, soul dying, only prying
Into my I—I kneel before fallen grain—or rather
Soldiers given by the sun to a childhood in cubicles.

[Untitled]

If this language only felt its own
pain, only celebrated and sang itself,
if it didn't point a little farther on,
leaving and returning with its footprints home,
with its footprints still warm from a little farther on,
not hot from the pursuit, something is lost, passing
along the path which leads us home, greyhound
racing us back home, it wouldn't matter a hot
damn, its uncomplaining lack, its faceless work.
An ink-blot, an ink-blot in love
if you like, but still an ink-blot.
The poem's language shouldn't be an ink-blot.

[Untitled]

Joy would be nice,
now, necessary, included
in everything, entire, without being
that special grace, hymn to
those great moments with celestial
spheres, give it to the soul.
Concrete joy, joy touching
flesh-body, music-body,
loved. Nightingales with, pouring-out with,

ausencia con, aun carencia, omnipresente
en el mundo, en la palabra, alegría. Que si va,
que si no va con este tiempo y vuelve
sola, absurda, incomprendida ética,
como un otoño, como las hojas grises del árbol
en otoño, tristes. Es que sólo la alegría vuelve.
Decirla ya para que se vaya.

cochambre
una grasa que se adhiere al recipiente
—al receptor, al lector
al consumidor de poesía que va a donde
¿a dónde va? por la barda de piedra bajo los álamos
sigue un destino de piedra discontinua
coche hambre

entre estas tierras el hambre va a pie
con el vaho de la luna llena encima
¿dónde es pie, lejos?
noche hambre

¿a dónde va? precisamente a ninguna parte
en eso se parece —en parte— al viejo
poema colgante de las ramas del atardecer
Europa no escribiría así
está situada en el fenómeno, igual
que los "hermanos" detrás del muro
en el fenómeno, han rejuntado
un tal *nosotros* por oposición
al *ellos* total, y no me siento

la luna es amarilla, plato amarillo
siempre sin sus dos cubiertos al costado
el tercero es prescindible, se bebe

absence with, even lacking, omnipresent
in the world, in the word, joy. If it goes,
if it doesn't go this time and come back
alone, absurd, ethic uncomprehended,
like autumn, like autumn's gray
leaves, sad. It's that only joy returns.
Say it now so it will go away.

[Untitled]

hungry garbage
grease stuck to the recipient
to the receptor, to the reader
the consumer of poetry who's going
going where? along the stone fence under the poplars
toward a destiny of discontinuous stone
hungry car baggage

in this country hunger goes barefoot
under the exhalations of the full moon
where's a foot, is it a long way?
hunger at night

where to? precisely nowhere
in this way resembling—in part—the old
poem hanging from the sunset branches
Europe would never write this way
situated in the phenomenon, just like
the *brothers* behind the wall
in the phenomenon, they've put up
some kind of *we* in opposition
to the total *they*, and I don't feel

the moon's a yellow, yellow plate
always missing its silverware
you don't need the spoon, drink up

es hora de que explique la samba —o samba
é brasileiro, sem explicar mais do que o movimento
corpo de baile, mulher que move a praia
pra cá do mar, nao mete areia n água-
la samba metafísica
la samba más allá del porche, del porqué
por eso el che nos arrasa cada vez que mueve el sol—
sin permiso— ¿no hemos pedido demasiado permiso
que, al tenerlo, ni el permiso nos cree, ve azorado
ése quién es? a la casa, al apartamento que se renta
casi a sí mismo con esa clase que aprendió, media
-no me atrevo al techo-de-lata-leche-escasa
del postigo viento fustigado —ganado
la historia del permiso, de la ganadería, monstruo
que no deja ganar —estoy diciendo liso, llano verbal, pradera
adentro, la que entra al alma, la domina
samba que le da un ajuste al cuerpo, al alma
lo correntino, lo entrerriano, ahí va
miren el río

Gualeguay es lo que dice el Gualeguay
—ay, les dice
lo mismo les dice el Uruguay
—ay, les dice

[Untitled]

time to explain the samba—o samba
é brasileiro, sem explicar mais do que o movimento
corpo de baile, mulher que move a praia
pra cá do mar, nao mete areia n água—
metaphysical samba
samba off the balcony, away from the because
why Che erases us each time the sun moves sans
permission, haven't we asked too much permission
which, when we got it, didn't even believe in
flustered us, who is that guy, at home, in the apartment
rented almost to itself with that class half-learned
I won't go up on the roof made of milk tins
whipped by a tail wind, if we gained the history
of permission, to herd cattle, to hunt monsters
which can't be brought down—I'm just saying
smooth, verbal stream, meadow within, gaining
entrance to the soul, taking over, samba
adjusting spine and soul
out of Corrientes, from Entre Ríos, yeah
watch the river flow

Gualeguay, they say in Guaraní,
ay, they say,
they say the same in Uruguay
ay, they say

—Translated by John Oliver Simon

Idea Vilariño

Maldito sea el dia

> *Maudite soit la nuit*
> Ch. B.

Aplastadas las horas la resaca
del día por lo alto en lamparones
quedándose en el aire
de las estrellas para acá
colgando
y tú y yo y tú pisando lo del día
es decir olvidando la memoria
es decir tú y yo y tú
nosotros mismos
por una vez
por fin
después de todo
dejado todo aquello por el aire
desembocado enteros como piedras
en el agua
en el ámbito intacto de una noche
que no alcanzaba nadie
como piedras
arrastradas rodando por un lecho
musgoso y bien cavado por los siglos.

Cuándo ya noches mías ...

Cuándo ya noches mías
ignoradas e intactas,
sin roces.

Idea Vilariño

Damned Be the Day

> *Maudite soit la nuit*
> Ch. B.

Crushed the hours the undertow
of the day overhead in stains
lingering on in the air
of the stars out this way
dangling
and you and I and you stepping
on what is the day's
in other words forgetting the memory
in other words you and I and you
we ourselves
for once
finally
after everything
after all that left in the air
wholly disembogued like stones
in the water
in the intact scope of a night
that reached no one
like stones
dragged knocking about in a bed
mossy and well excavated by the centuries.

When My Nights By Now . . .

When my nights by now
intact and ignored,
without caresses.

Cuándo aromas sin mezclas
inviolados.

Cuándo yo estrella fría
y no flor en un ramo de colores.

Y cuando ya mi vida,
mi ardua vida,
en soledad
como una lenta gota
queriendo caer siempre
y siempre sostenida
cargándose, llenándose
de sí misma, temblando,
apurando su brillo
y su retorno al río.

Ya sin temblor ni luz
cayendo oscuramente.

Desnudez total

Ya en desnudez total
extraña ausencia
de procesos y fórmulas y métodos
flor a flor,
ser a ser,
aún con ciencia
y un caer en silencio y sin objeto.

La angustia ha devenido
apenas un sabor,
el dolor ya no cabe,
la tristeza no alcanza.

Una forma durando sin sentido,
un color,

When aromas without mixtures
inviolate.

When I frigid star
and not flower in a bouquet of colors.

And when by now my life,
my arduous life,
in loneliness
like one slow drop
wanting always to fall
and always sustained
carrying itself, filling itself,
of itself, trembling,
provoking its luster
and its return to the river.

Now without tremor or light
falling darkly.

Completely Naked

Now completely naked
strange absence
of processes and formulas and methods
flower to flower,
being to being,
still with knowledge
and a silent, purposeless fall.

Anguish has become
barely a taste
the pain doesn't fit anymore,
sadness isn't enough.

A form enduring without sense,
a color,

un estar por estar
y una espera insensata.

Ya en desnudez total
sabiduría
definitiva, única y helada.

Luz a luz
ser a ser,
casi en amiba,
forma, sed, duración,
luz rechazada.

El mar no es más que un pozo de agua oscura...

El mar no es más que un pozo de agua oscura,
los astros sólo son barro que brilla,
el amor, sueño, glándulas, locura,
la noche no es azul, es amarilla.

Los astros sólo son barro que brilla,
el mar no es más que un pozo de agua amarga,
la noche no es azul, es amarilla,
la noche no es profunda, es fría y larga.

El mar no es más que un pozo de agua amarga,
a pesar de los versos de los hombres,
el mar no es más que un pozo de agua oscura.

La noche no es profunda, es fría y larga;
a pesar de los versos de los hombres,
el amor, sueño, glándulas, locura.

staying just to stay
and an unfeeling wait.

By now completely naked
wisdom
definitive, unique and frozen.

Light to light
being to being
almost amoebic
form, thirst, duration,
light refused.

The Sea Is No More Than a Puddle of Dark Water . . .

The sea is no more than a puddle of dark water,
celestial forms are only lustered mud,
love, dream, glands, madness,
the night isn't blue, it's yellow.

Celestial forms are only lustered mud
the sea is no more than a puddle of bitter water,
the night isn't blue, it's yellow,
the night isn't profound, it's cold and lasting.

The sea is no more than a puddle of bitter water,
in spite of the verses of men,
the sea is no more than a puddle of dark water.

The night isn't profound, it's cold and lasting;
in spite of the verses of men,
love, dream, glands, madness.

Tarde

Cuerpos tendidos, cuerpos
infinitos, concretos, olvidados del frío
que los irá inundando, colmando poco a poco.
Cuerpos dorados, brazos, anudada tibieza
olvidando la sombra ahora estremecida,
detenida, expectante, pronta para emerger
que escuda la piel ciega.
Olvidados también los huesos blancos
que afirman que no es un sueño cada vida,
más fieles a la forma que la piel,
que la sangre, volubles, momentáneas.
Cuerpos tendidos, cuerpos
sometidos, felices, concretos,
infinitos...
Surgen niños alegres, húmedos y olorosos,
jóvenes victoriosos, de pie, como su instinto,
mujeres en el punto más alto de dulzura,
se tienden, se alzan, hablan,
habla su boca, esa un día disgregada,
se incorporan, se miran, con miradas de eternos.

Pasa se va se pierde
no se detiene
fluye
mana incansablemente
se escapa de las manos
corre vuela a su fin
se desliza
se apaga
se aniquila
se extingue
se deshace
se acaba.

Late

Bodies laid out, bodies
infinite, concrete, forgotten of the cold
that will continue inundating them,
suffusing a little at a time.
Golden bodies, arms, nodular tepidity
forgetting the shadow that now trembles,
detained, expectant, ready to emerge
to shield the sightless skin.
Also forgotten are the white bones
that affirm that each life isn't a dream,
more faithful to form than skin,
than blood, voluble, momentary.
Bodies laid out, bodies
submitted, happy, concrete,
infinite . . .
Joyful children come forth, humid and odorous,
victorious youth, by foot, as is their instinct,
women at the utmost point of sweetness,
lay themselves out, they get up, they speak,
her mouth speaks, one day to be broken apart,
they repose, they look at each other, as do the eternal.

[Untitled]

It passes leaves gets lost
it doesn't stay long
it flows
emanates tirelessly
escapes from hands
runs soars to its limit
it lets loose
puts itself out
annihilates itself
extinguishes itself
it undoes itself
it ends itself.

Ya no

Ya no será
ya no
no viviremos juntos
no criaré a tu hijo
no coseré tu ropa
no te tendré de noche
no te besaré al irme
nunca sabrás quién fui
por qué me amaron otros.
No llegaré a saber
por qué ni cómo nunca
ni si era verdad
lo que dijiste que era
ni quién fuiste
ni quién fui para ti
ni cómo hubiera sido
vivir juntos
querernos
esperarnos
estar.
Ya no soy más que yo
para siempre y tú
ya
no serás para mí
más que tú. Ya no estás
en un día futuro
no sabré dónde vives
con quién
ni si te acuerdas.
No me abrazarás nunca
como esa noche
nunca.
No volveré a tocarte.
No te veré morir.

Not Anymore

This won't be
not anymore
we won't live together
I won't raise your son
I won't sew your clothes
I won't have you at night
I won't kiss you as I leave
you'll never know who I was
why others loved me.
I will never know
why or how ever
or if it was even true
what you said it was
or who you were
or who I was for you
or how it might have been
to live together
to love one another
to wait for each other
to be.
I'm no longer more than I
forever and you
won't be
any more than you
for me. You're no longer
in a future day
I won't know where you live
with who
or if you even remember.
You'll never embrace me
like that night
never.
I won't ever touch you again.
I won't see you die.

Seis

Entonces
todo se vino
y cuando vino
y
me quedé inmóvil
tú
tú te quedaste inmóvil
lo dejaste saltar
quejándote seis veces.
Seis.
Y no sabes que hermoso.

Adios

Aquí
lejos
te borro.
Estás borrado.

El espejo

Deja déjame hacer le dice
y cuando inclina
cuando va a hundir el rostro suavemente
en la dura pelambre
en la oscura maraña entreverada
sobre la piel tan pálida
ve el espejo es decir ve en el espejo
una cabeza rubia—no—dorada
el pelo blandamente recogido
en un lánguido moño como si
fueran la cara el cuello la cabeza

Six

Then
it all came
and when it came
and
I couldn't move
you
you couldn't move
you let it thrust
moaning six times.
Six.
And you have no idea how lovely.

Goodbye

Here
far away
I erase you.
You're gone.

The Mirror

Let me let me do it he says
and when he leans forward
when he begins to sink his face softly
in the hard fur
in the dark thicket intertwined
over the skin so pale
he sees the mirror that is to say he sees in the mirror
a blonde head—no—golden
the hair gently lifted
in a languid bun as if
it were the face the neck the head
of some delicate ballerina.

de alguna delicada bailarina.
El espejo mira el espejo dijo
y arrodillada hundió por fin el rostro
y le dejó que él viera la cabeza
dorada hundiéndose en el vello negro
y su cuello doblándose
tan armoniosa tan hermosamente
dejó que él viera absorto enamorado
ese pedazo de su amor viviendo
encerrado en el óvalo de oro.

The mirror look the mirror he said
and on her knees she sunk at last her face
and she let him see the head
golden sinking in the black down
and his neck bending over
so harmonious so beautifully
she let him see absorbed enamored
that piece of her love living
enclosed in the golden oval.

—Translated by Anna Deeny

Authors, Selected Bibliographies and Sources

Amir Hamed [1962]
Born in Montevideo, raised there and in Cairo, Egypt, Hamed is a professional musician, novelist, and one of Uruguay's most prominent literary critics. He is editor of *Orientales: Uruguay a través de su poesía*, widely recognized as one of the most important anthologies of the nation's poetry. He received his Ph.D. in Hispanic Literature and Theory from Northwestern University. He lives in Montevideo.

Fiction: *Artigas Blues Band* (1994), *Troya Blanda* (1996), *Semidiós* (2001), *Buenas noches, América* (2004). Criticism: *Retroescritura* (1998), *Mal y neomal: Rudimentos de Geoidiocia* (2007), *Orientales: Uruguay a través de su poesía* (1996; 2010). Translation: William Shakespeare & John Fletcher, *The Two Noble Kinsmen*, with the Spanish title, *Dos nobles de la misma sangre* (2001).

Roberto Appratto [1950]
Appratto was born in Montevideo, where he still lives. He has published eight books of poetry. He is also author of numerous books of prose, including fiction and critical studies. Appratto contributes commentaries for the cultural section of Montevideo's *El País* and essays to *El Diario de poesía*, based in Buenos Aires. He teaches at the Catholic University of Uruguay. In 2011, he was awarded the Premio Morosoli for his life's work.

Bien mirada (1978), *Cambio de palabras* (1983), *Velocidad controlada* (1986), *Mirada circunstancial a un cielo sin nubes* (1991), *Cuerpos en pose* (1994), Arenas movedizas (1995), *Después* (2004), *Levemente ondulado* (2005), *Lugar perfecto* (2011).

Sources: all of the poems in this volume are drawn from *Lugar perfecto* (Montevideo: Editorial Yaugurú, 2011), copyright © Roberto Appratto and Ed. Yaugurú, 2011, with the exception of 'A velocidad', which is previously unpublished, and is copyright © Roberto Appratto, 2011.

Nancy Bacelo [1931–2007]
Bacelo moved from the town of Lavalleja, where she was born, to Montevideo in 1950, where she studied Spanish language and literature. She authored fifteen books of poetry, among many other literary contributions, and won numerous prizes, including the Premio Municipal and the Premio del Ministerio de la Cultura.

*Tránsito de fuego (*1956), *Círculo nocturno* (1959), *Cantares* (1960), *Cielo solo* (1962), *Razón de la existencia* (1964), *Barajando* (1967), *Las pruebas de la suerte* (1969), *El pan de cada día* (1975), *Las coplas de Nico Pérez* (1978), *Los músicos continúan el juego* (1983), *Los símbolos precisos* (1986), *Hay otros mundos pero vivo en este* (1993), *Cantares (servilletas)* (1998), *De sortilegios* (2002).

Sources: 'Polvo, polvo de oro,' 'Barajando este mazo,' 'Las pruebas de la suerte,' 'Sabés que miedo,' 'No sé si fueron ruinas' and 'Ahora con tanto desaliño en la memoria' are drawn from *Las pruebas de la suerte* (Montevideo: Ediciones siete poetas, 1969); 'Ora pro nobis' and 'La valentía que da admitir la debilidad del corazón' are from *Hay otros mundos pero vivo en este* (Montevideo: Ediciones siete poetas, 1993); 'Incógnita' and 'Borra esa marca, bórrala' are from *Sortilegios* (Montevideo: Ediciones siete poetas, 2002). Copyright © the Estate of Nancy Bacelo and Eds. siete poetas, 1969, 1993, 2002.

Amanda Berenguer [1921–2010]
Berenguer is one of the key figures of the *Generación del '45*, Uruguay's mid-century poetic Renaissance. Her poetry production has been gathered into many volumes. Most of them are reunited in *La constelación del navío* (2002). *La cuidadora del fuego*, her last collection, was published in 2010. She is widely regarded as one of Uruguay's greatest poets.

El río (1952), *Suficiente maravilla* (1953–1954), *La invitación* (1957), *Contracanto* (Montevideo, 1961), *Quehaceres e invenciones* (1963), *Declaración conjunta* (1964), *Materia prima* (1966), *Tocando fondo* (1966–1972), *Composición de lugar* (1976), *Conversación habilitante y derivados—Trazo y derivados* (1976–1978), *El tigre alfabetario* (1979), *Identidad de ciertas frutas* (1983), *La Dama de Elche* (1987), *Los signos sobre la mesa* (1988), *Con el tigre entre las cosas* (1986-1994), *La botella verde* (1995), *La estranguladora* (1998), *Escritos* (2000), *Poner la mesa del tercer milenio* (2002), *Constelación del Navío* (2002), *La cuidadora del fuego* (2010).

Sources: all poems translated here by Mónica de la Torre are drawn from *Constelación del Navío: Poesía 1950–2002* (Montevideo: H Editores, 2002), copyright © Amanda Berenguer and H Editores, 2002. 'Leonardo da Vinci y yo' was published in *La cuidadora del fuego* (Montevideo: La Flauta Mágica, 2010), copyright © the Estate of Amanda Berenguer and La Flauta Mágica, 2010.

Selva Casal [1930]
Born in Montevideo, Casal was long a practicing lawyer in that city. She taught sociology and law for many years at Uruguay's Universidad de la República, until she was forced to abandon her post by the military dictatorship in the 1980s. She has published over a dozen books of poetry.

Días sobre la tierra (1960), *Poemas de las cuatro de la tarde* (1962), *Poemas 65* (1965), *Han asesinado el viento* (1974), *No vivimos en vano* (1974), *Nadie ninguna soy* (1983), *Los misiles apuntan a mi corazón* (1990), *Vivir es peligroso* (2001), *El grito* (2005), *El infierno es una casa azul* (2006), *Ningún día es jueves* (2007).

Sources: all poems translated here are drawn from *Ningún día es jueves* (Montevideo: Ediciones de Hermes Criollo, 2007), copyright © Selva Casal and Eds de Hermes Criollo, 2007.

Marosa Di Giorgio [1932–2004]
Di Giorgio was born in Salto to Italian immigrant parents. After she studied law and briefly acted in a professional theatre company, she took a job in Salto's municipal government and devoted her free time to reading extensively and writing fifteen books of poetry, three books of short stories and one novel. She is increasingly considered to be one of Latin America's greatest poets of the 20th century.

Poemas (1954), *Humo* (1955), *Druida* (1959), *Historial de las violetas* (1965), *Magnolia* (1965), *Gladiolos de luz de luna* (1974), *Clavel y Tenebrario* (1979), *La liebre de marzo* (1981), *Mesa de esmeralda* (1985), *La falena* (1987), *Los papeles salvajes* [Collected Poems] (1991; 2nd ed, 2000; 3rd, complete ed., 2008).

Sources: all poems printed here are drawn from *Los papeles salvajes* (Buenos Aires: Adriana Hidalgo Editora, 2008), copyright © Adriana Hidalgo Editora and the Estate of Marosa Di Giorgio.

Roberto Echavarren [1954]
Poet, novelist, and essayist, Echavarren received his Doctorate from the University of Paris VIII. He has taught at the University of London and New York University. He is a leading figure in Latin American poetry and criticism.

La planicie mojada (1981), *Animalaccio* (1986), *Aura amara* (1989), *Poemas largos* (1990), *Universal ilógico* (1994), *Oír no es ver/ To Hear Is Not To See* (1994). *Performance* (2000) , *Casino Atlántico* (2004), *Centralasia* (2005), *El expreso entre el sueño y la vigilia* (2009), *Ruido de fondo* (2010).

Sources: 'Lo invisible' is taken from *Performance* (Buenos Aires: Eudeba, Universidad de Buenos Aires, 2000); 'Ut pictura poesis' is from *Ruido de fondo* (Santiago de Chile: Cuarto Propio, 2010). Copyright © 2000, 2010, by Roberto Echavarren and Cuarto Propio.

Eduardo Espina [1954]
Espina was born in Montevideo. He has published a dozen books of poetry and essays. He has won Uruguay's National Prize for the Essay (1996 and 2000) and the Municipal Prize for Poetry (1998). He won the 2006 Latino Literary Prize from the Instituto Hispanoamericano de Escritores at CUNY for *El cutis patrio*, and in 2010 he was awarded a Guggenheim Fellowship.

Niebla de pianos (1975), *Dadas las circunstancias* (1977), *Valores Personales* (1982), *La caza nupcial* (1993), *El oro y la liviandad del brillo* (1994), *Coto de casa* (1995), *Lee un poco más despacio* (1999), *Mínimo de mundo visible* (2003), *El cutis patrio* (2009).

Sources: All poems are drawn from *El cutis patrio* (Buenos Aires: Editorial Mansalva, 2009). Copyright © Eduardo Espina and Editorial Mansalva, 2009.

Gustavo Espinosa [1961]
Espinosa was born in Treinta y Tres, Uruguay. His literary and cultural criticism regularly appears in Uruguayan newspapers, and his book of poems *Cólico miserere* received the 'Fondos Concursables' prize from the Ministry of Culture and Education in Uruguay. He has also published two novels: *Carlota podrida* (2009), and *China es un frasco de fetos* (2001), which was awarded a prize by the Montevideo newspaper *Posdata*.

Sources: all poems here are drawn from *Cólico Miserere* (Montevideo: Ediciones Trilce, 2009), copyright © Gustavo Espinosa and Ediciones Trilce, 2009.

Silvia Guerra [1963]
Guerra was born in the city of Maldonado and lives in Montevideo. She has published several books of poetry, as well as a biography of Lautréamont, *Fuera del relato* (2007). She helped organize the Primer Festival Hispanoamericano de Poesía in Uruguay and co-directs a poetry press, La Flauta Mágica, with Roberto Echavarren.

De la arena nace el agua (1986), *Idea de la aventura* (1990), *Replicantes astrales* (1993), *La sombra de la azucena* (2000), *Nada de nadie* (2001), *Estampas de un tapiz* (2006), *Pulso* (2011).

Sources: 'Ilusio' is previously unpublished; 'Jota aspirada' is drawn from *Pulso* (Madrid: Ediciones Amargord, 2011), copyright © Silvia Guerra and Eds Amargord, 2011. The remaining poems are drawn from *Nada de nadie* (Buenos Aires, tsé tsé, 2001), copyright © Silvia Guerra and tsé tsé, 2001.

Circe Maia [1932]
Maia was born in the city of Tacuarembó. She has published eight books of poetry, most recently *Breve Sol*, as well as four collections of prose. Her translations of Greek and English poets have appeared in Uruguayan magazines as well as foreign ones, and her poetry has been translated into various languages.

Plumitas (1944), *En el tiempo* (1958), *Presencia diaria* (1970), *Cambios, permanencias* (1978), *Dos voces* (1981), *De lo visible* (1998), *Breve Sol* (2001), *Obra poética* (2010).

Sources: all poems here are drawn from the author's collected poems, *Obra poética* (Rebeca Linke editoras, Montevideo, 2010). Copyright © Circe Maia & Rebeca Linke editoras, 2010.

Eduardo Milán [1952]
Originally from the city of Rivera, Milán left Uruguay in 1979 for political reasons and has lived in Mexico City ever since. Milán has published over twenty volumes of poetry, in addition to criticism.

Cal para primeras pinturas (1973), *Secos & mojados* (1974), *Estación estaciones* (1975), *Nervadura* (1985), *Cuatro poemas* (1990), *Cinco poemas* (1990), *Errar* (1991), *La vida mantis* (1993), *Nivel medio verdadero de las aguas que se besan* (1994), *Algo bello que nosotros conservamos* (1995), *Circa 1994* (1996), *Son de mi padre* (1996), *Alegrial* (1997), *El nombre es otro* (1997), *Razón de amor y acto de fe* (2001), *Cosas claras* (2001), *Ostras de coraje/cosas claras* (2003), *Ganas de decir* (2004), *Acción que en un momento creí gracia* (2005), *Unas palabras sobre el tema* (2005), *Por momentos la palabra entera* (2005).

Sources: 'Lo serio es ser,' 'El presente es esa brisita' from *Errar* (Mexico City: El Tucán de Virginia, 1991); 'A traves de la ilusión' from *Nivel medio verdadero de las aguas que se besa*n (Madrid: Ave del paraíso, 1994); 'En el tiempo en que leía,' 'A pulso,' 'Escribir de un modo,' 'No es una pregunta' from *Acción que en un momento creí gracia* (Tarragona: Igitur 2005); 'No consigo estar' from *Por momentos la palabra entera* (Canarias: Atlántica, 2005); 'Si este lenguaje,' 'Alegría gustaría' from *Unas palabras sobre el tema* (Mexico City: Umbral, 2005); 'Cochambre' from *Hechos polvo* (Mérida: Escuela de Arte y Superior de Diseño de Mérida, 2008). All poems copyright © Eduardo Milán and the publishers listed above.

Idea Vilariño [1920–2009]
Vilariño lived her whole life in Montevideo. Poet, essayist, and literary critic of the *Generación del '45*, her works have a wide readership in Latin America. After Uruguay's return to constitutional democracy in 1985, she taught at the Universidad de la República.

La suplicante (1945), *Cielo cielo* (1947), *Paraíso perdido* (1948), *Por aire sucio* (1951), *Nocturnos* (1955), *Poemas de amor* (1958), *Pobre mundo* (1966), *No* (1980), *Canciones* (1993), *Poesía 1945–1990* (1994), *Poesía completa* (2002).

Sources: all poems are drawn from *Poemas de amor* (1958), and later collected in *Poesía completa* (Montevideo: Cal y Canto, 2002), copyright © Idea Vilariño and Editorial Cal y Canto.

The Translators

Román Antopolsky is an Argentine poet and translator. He translates from Russian, French, German, Romanian, Portuguese, and English into Spanish. He currently lives in Pittsburgh.

Daniel Borzutzky is the author of *The Book of Interfering Bodies* (Nightboat, 2011); *The Ecstasy of Capitulation* (BlazeVox, 2007); and *Arbitrary Tales* (Triple Press, 2005). His translations include *Song for His Disappeared Love* (Action Books, 2010) by Raúl Zurita and *Port Trakl* (Action Books, 2008) by Jaime Luis Huenún. His writing has been anthologized in *A Best of 'Fence': The First Nine Years* (Fence Books); *Seriously Funny* (University of Georgia Press); and *Malditos latinos, malditos sudacas: Poesía iberoamericana made in USA* (El billar de Lucrecia). He lives in Chicago.

Gillian Brassil studies Comparative Literature at Brown University. She was raised in Nashville, Tennessee, but now splits her time between Providence, Rhode Island and New York City. She recently completed translating a Mario Bellatin novella and is currently at work on a book that she likes to think of as *The Savage Detectives* for kids.

Susan Briante is the author of two collections of poetry: *Pioneers in the Study of Motion* (Ahsahta 2007) and *Utopia Minus* (2011). Her translations of Latin American writers have appeared in *Bomb*, *Translation Review*, and *Reversible Monuments* (Copper Canyon Press) among others. From 1992–1997, she lived in Mexico City where she worked for the magazines *Artes de México* and *Mandorla*.

Mary Crow has published book-length translations of the work of Roberto Juarroz, Jorge Teillier, and Olga Orozco (finalist for a PEN USA Translation Award) as well as an anthology of contemporary Latin American women poets (winner of a Columbia University Translation Center Award). A second book of her translations of Roberto Juarroz will appear in 2011 as *Vertical Poetry: Last Poems* and at the same time her earlier book of Juarroz translations, *Vertical Poetry: Recent Poems* (winner of a Colorado Book Award) will be reprinted. She is former Colorado Poet Laureate.

Ryan Daley lives, works and writes in Brooklyn. His poetry appears in numerous places, especially on his blog, *Muchísimas* (http://charitablegiving.blogspot.com). His translations have appeared in *Golden Handcuffs Review*, the *Harvard Review*, *Mandorla*, and *V Magazine*. He teaches at CUNY, and designs web site content.

Anna Deeny teaches in the History and Literature Department at Harvard. She has translated the poetry of Marosa Di Giorgio, Idea Vilariño, Mercedes Roffé, and Raúl Zurita. Her translation of Zurita's *Purgatorio* (1973) was published by the University of California Press in 2009.

Mónica de la Torre is author of two poetry books in English, *Talk Shows* (Switchback, 2007) and *Public Domain* (Roof Books, 2008), as well as two collections in Spanish published in Mexico City, *Acúfenos* (Taller Ditoria, 2006) and *Sociedad Anónima* (Bonobos/UNAM, 2010). She translated a volume of selected poems by Gerardo Deniz published by Lost Roads, and, with Michael Wiegers, edited *Reversible Monuments: Contemporary Mexican Poetry* (Copper Canyon Press, 2002). She co-edited the anthology of post-Latino writing *Malditos latinos, malditos sudacas: Poesía hispanoamericana Made in USA* (Billar de Lucrecia, 2010) and is a 2009 NYFA poetry fellow. She lives in New York, where she is senior editor at *BOMB Magazine*.

Kristin Dykstra's translations and criticism feature work by Reina María Rodríguez, Omar Pérez, Ángel Escobar, Juan Carlos Flores, and others. Her bilingual editions include *Did You Hear about the Fighting Cat?*, poems by Pérez (Shearsman); *Something of the Sacred*, by Pérez (Factory School); *Time's Arrest*, by Rodríguez (Factory School); and *Violet Island and Other Poems*, an anthology of work by Rodríguez (tr. with Nancy Gates Madsen, Green Integer). She co-edits *Mandorla: New Writing from the Americas / Nueva escritura de las Américas* with Gabriel Bernal Granados and Roberto Tejada.

Michelle Gil-Montero is a poet and translator of Latin American poetry and prose. Her translation of Andrés Ajens' essay collection *Poetry After the Invention of América* is forthcoming from Palgrave MacMillan in 2011. She lives in Pittsburgh and teaches at Saint Vincent College.

Charles Hatfield is an assistant professor of Latin American literature and assistant director of the Center for Translation Studies at The University of Texas at Dallas. His bilingual anthology of Mario Benedetti's poetry, *Little Stones at My Window*, was published by Curbstone Press in 2003.

Laura Healy is the translator of two collections of poetry by Roberto Bolaño: *The Romantic Dogs* (New Directions, 2008) and *Tres* (New Directions, 2011). She lives in Providence, Rhode Island, and works as the managing editor of *Harvard Review*.

Kent Johnson is translator of two volumes of poetry from Nicaragua and, with Forrest Gander, of two books by the Bolivian poet Jaime Saenz: *Immanent Visitor* (University of California Press) and *The Night* (Princeton UP). He has received awards from Pushcart, PEN, and the National Endowment for the Arts for his work in translation. He lived in Uruguay from 1961 through 1971, and from 1975 to 1976.

Farid Matuk's translations from Spanish have appeared in *Kadar Koli, Bombay Gin, Mandorla*, and *Translation Review*. He is the author of the poetry collection *This Isa Nice Neighborhood* (Letter Machine Editions, 2010).

Jeannine Marie Pitas is a teacher, writer and translator from Buffalo, NY. In 2006 she traveled to Uruguay on a Fulbright, and with the help of Uruguayan writers Roberto Echavarren and Nidia Di Giorgio, she translated three of Marosa Di Giorgio's books into English: *The History of Violets, Magnolia,* and *The Native Garden is in Flames.* Excerpts from *The History of Violets* have been published in *Versal, Rhino,* and *6x6,* and the entire book was published in a bilingual edition by Ugly Duckling Presse in 2010.

John Oliver Simon was awarded an NEA Literature Fellowship in Translation for his work with the great Chilean poet Gonzalo Rojas. His books of translation include *From the Lightning,* selected poems of Gonzalo Rojas (Green Integer, 2008), and *Ghosts of the Palace of Blue Tiles,* a chapbook of Mexican poet Jorge Fernández Granados (Tameme, 2008). As a translator, he was a major contributor to *Light from a Nearby Window* (City Lights, 1993) and *Reversible Monuments: Contemporary Mexican Poetry* (Copper Canyon, 2002). His own poems in Spanish translation are included in the two-volume anthology *Dos siglos de poesía norteamericana,* edited by Alberto Blanco (UNAM, Mexico City, 1995).

Alex Verdolini is a writer and translator based in New York and New Haven. He is interested in translations from no original, and from two; his latest project is a rendering, in English, of Friedrich Hölderlin's renderings, in German, of Pindar's odes in Greek. He is currently a doctoral candidate in Yale University's Department of Comparative Literature.

www.ingramcontent.com/pod-product-compliance
Lightning Source LLC
Chambersburg PA
CBHW022007160426
43197CB00007B/315